Peter Walker

Die Geschichte des Heiligen Landes

Das große illustrierte Sachbuch

STELLEN SIE SICH VOR, was es vor 4000 Jahren für Abraham bedeutet hat, in das Land Kanaan zu ziehen.

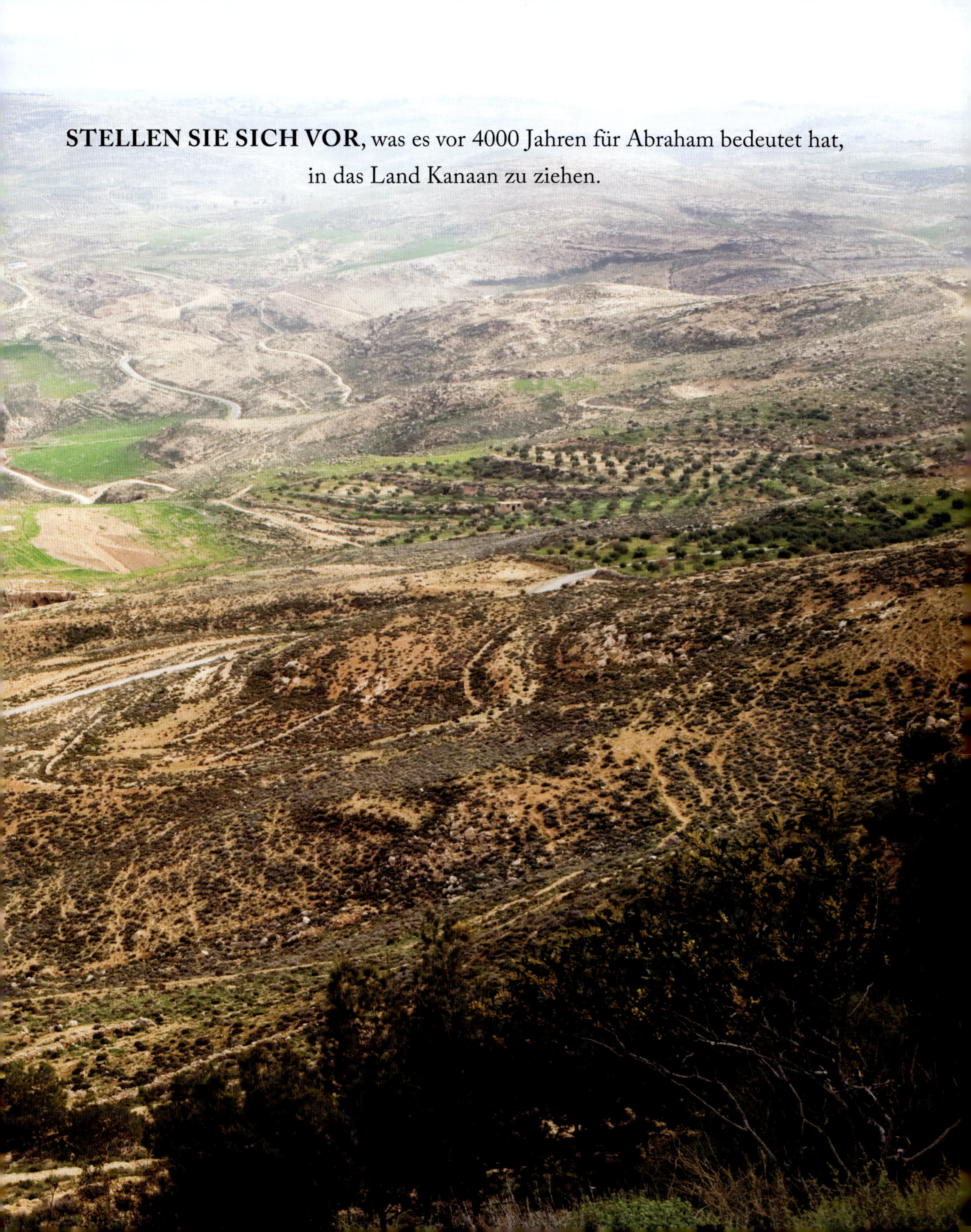

Schon allein von seiner Geografie her könnte er gespürt haben,
dass dieses zentrale Bergland in der Zukunft von strategischer
Bedeutung sein würde:
im Norden begrenzt vom soliden Massiv des Berges Hermon,
im Süden durch die riesigen Weiten der Wüste Negeb ...

Mit den frischen Wassern des Jordan im Osten
und dem Mittelmeer im Westen:
ein Gebiet mit einem
beachtlichen Potenzial.

Abraham glaubte, dass der Gott, dem er vertraute,
ihn in dieses Land rief und ihm seine zukünftige Bedeutung
auf der Weltbühne zeigte:
Durch seine Nachkommen, so wurde ihm gesagt,
würden „alle Nationen“ auf der Erde „gesegnet“ werden.
Auf irgendeine Art würde sein Gott *dieses* Land für *seine*
Zwecke brauchen und *seine* Geschichte erzählen.

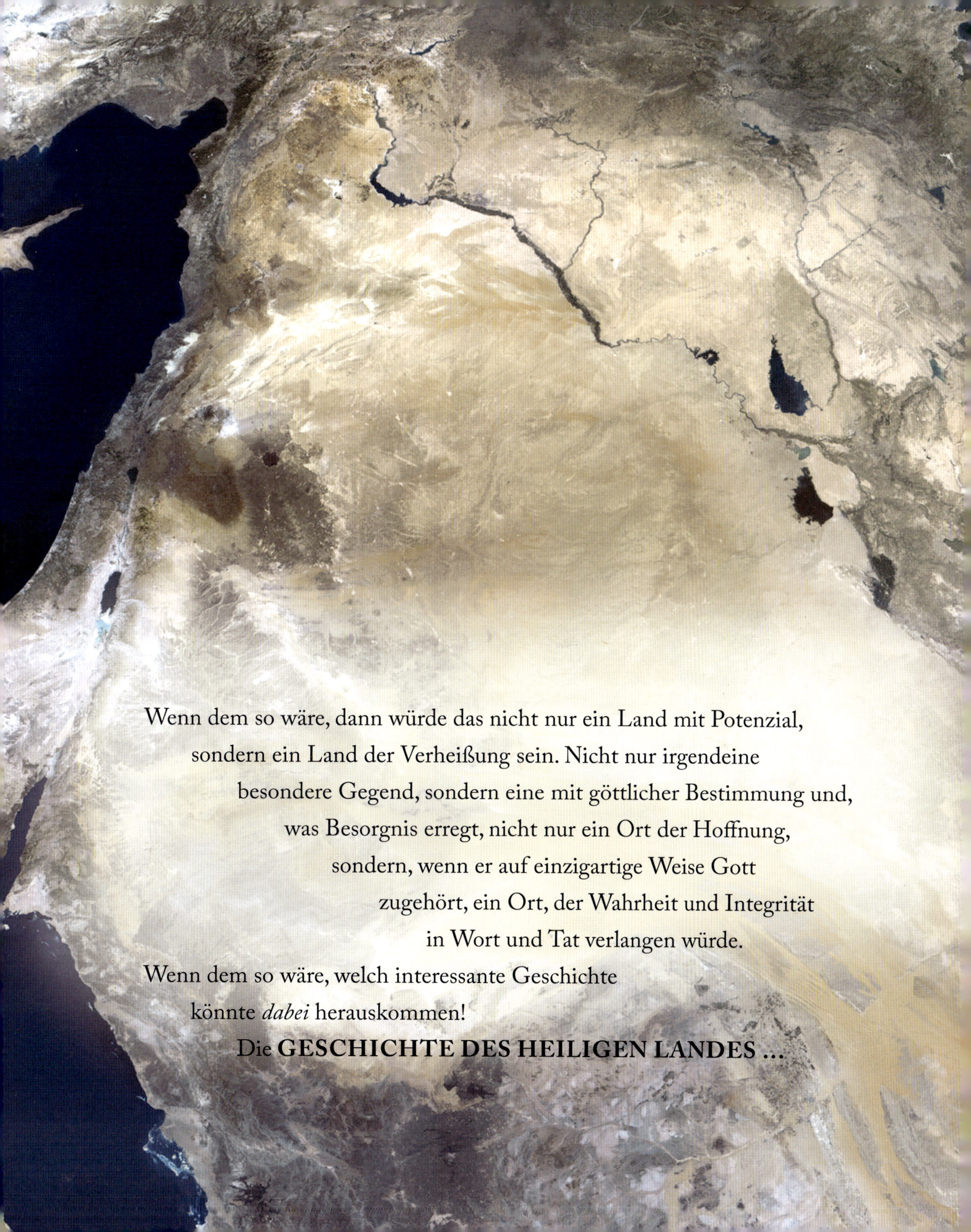

Wenn dem so wäre, dann würde das nicht nur ein Land mit Potenzial, sondern ein Land der Verheißung sein. Nicht nur irgendeine besondere Gegend, sondern eine mit göttlicher Bestimmung und, was Besorgnis erregt, nicht nur ein Ort der Hoffnung, sondern, wenn er auf einzigartige Weise Gott zugehört, ein Ort, der Wahrheit und Integrität in Wort und Tat verlangen würde.

Wenn dem so wäre, welch interessante Geschichte könnte *dabei* herauskommen!

Die **GESCHICHTE DES HEILIGEN LANDES …**

DIE GESCHICHTE DES HEILIGEN LANDES

erzählt in sieben Kapiteln, konzentriert auf sieben entscheidende Jahrhunderte …

1. Kanaaniter und Israeliten (1950–1050 v. Chr.)

2. Stämme und Könige (1050–587 v. Chr.)

3. Flüchtlinge und Griechen (587–40 v. Chr.)

4. Das entscheidende Jahrhundert (40 v. Chr.–70 n. Chr.)

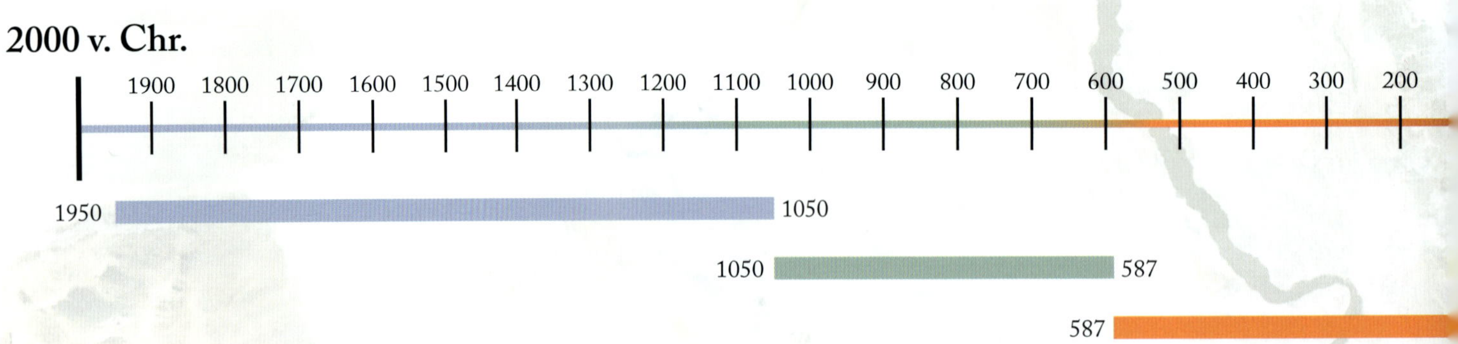

5. Römer und Byzantiner (70–630 n. Chr.)

6. Muslime und Kreuzfahrer (630–1291 n. Chr.)

7. Ottomanen und Abendländer (1291–1948)

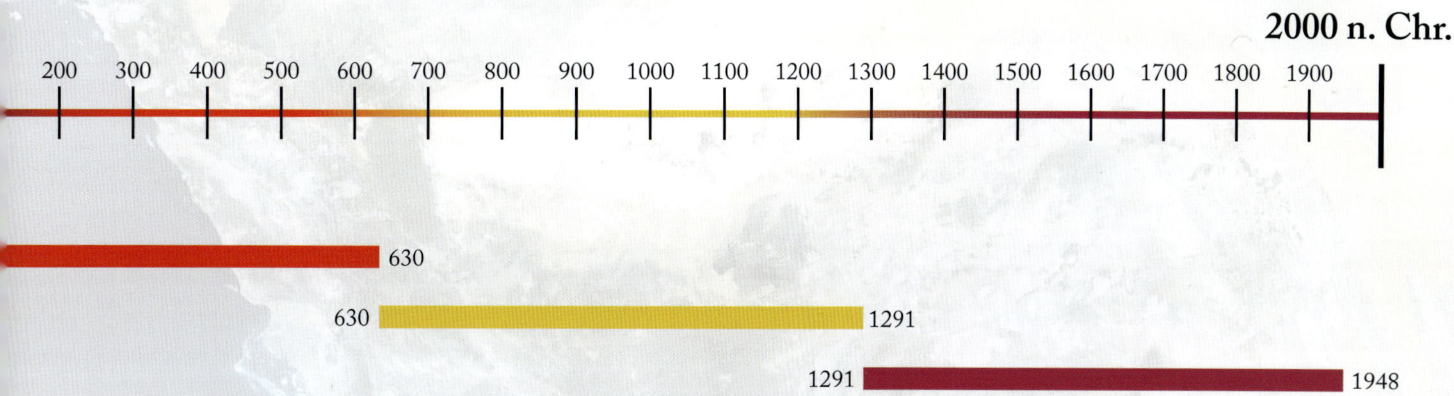

KAPITEL 1

KANAANITER UND ISRAELITEN (1950–1050 v. Chr.)

Ein Mann wandert nach Süden in ein unbekanntes Land. Begleitet von seiner Frau und den Mitgliedern seiner Sippe, ist er nicht ganz allein. Ferner hat er seinen Glauben – seinen Glauben an einen Gott, der ihm versprochen hat, ihn auf seiner Reise zu führen und seinen Nachkommen in ferner Zukunft einen Platz in diesem Land zu geben.

Die Zeit der Patriarchen

So beginnt die Bibel ihre eigene Geschichte vom „Heiligen Land", dem Land, welches der Mittelpunkt all der folgenden dramatischen Ereignisse sein wird. Wie alle guten Geschichten wird sie uns aus dem Blickwinkel einer Einzelperson und seiner Familie erzählt, in diesem Falle, Abrahams und seiner Frau. Sie versetzt uns dadurch in die Lage, auf lebendige Weise einen Zugang zu diesen alten Ereignissen zu bekommen. Vermittels unserer Vorstellungskraft können wir uns unmittelbar mit diesen Menschen und ihren Hoffnungen und Kämpfen identifizieren.

Ins Land kamen sie von der Stadt Haran aus, etwa 450 Kilometer nördlich gelegen, aber ihre Familie hatte Wurzeln weit unten im Osten, in der chaldäischen Stadt Ur, die an den flachen Ebenen in Mesopotamien am großen Fluss Euphrat liegt. Wie würde dieses neue Land im Vergleich dazu sein?

Erste Eindrücke

Antwort: Es war in nahezu jeder Hinsicht ganz anders. Als Abrahams Familienverband in das zentrale Bergland hinabzog, wurde er durch dessen wogende Berge, die zu jener Zeit dicht bewaldet waren, aber vor allem von der Tatsache in Erstaunen versetzt, dass dieses Gebiet nicht von einem Fluss

bewässert wurde, wie in der Heimat seiner Großeltern, sondern vorrangig vom Himmel. Jedes Jahr gab es mit Unterbrechungen sechs Monate lang Regen, der vom Mittelmeer her mit milden, von Südwesten heranströmenden Brisen herangetragen wurde. Dies war ein grünes und fruchtbares Land, das von den Himmeln her bewässert wurde!

Wie Abraham später entdeckte, als er das Gebiet unten am Toten Meer besuchte, verursachten diese vorherrschenden Winde auch einen Regenschatten. Wenn die Berge nach Osten hin abfielen, tendierten die Wolken dazu, sich zu verflüchtigen und eine raue Wüste zu hinterlassen. Das machte ihm klar, dass für einen nomadischen Schafhirten wie ihn die besten Plätze, zu denen er ziehen konnte, die waren, welche sich entlang des Grats dieser zentralen Berge hinzogen. Hier war für seine Schafe und Ziegen genügend Weideland und, wenn er eine Weile bliebe, würde es einige gute Möglichkeiten geben, Getreide anzubauen.

Links: Die trockene Landschaft zum Südwesten des Toten Meeres hin, die mit der Erzählung von Sodom und Gomorra (Gen 19) in Zusammenhang gebracht wird.

Rechts: Ein riesiger, dem Gott Nanna gewidmeter Tempel, erbaut um 2100 v. Chr. in der Stadt Ur im heutigen Irak bzw. dem antiken „Mesopotamien“, d. h. zwischen den Flüssen Euphrat und Tigris.

Unten: Das fruchtbare Bergland, das Abraham begrüßte, mit den Terrassen, die im 3. Jahrtausend v. Chr. angelegt worden waren.

Erzählungen aus kleinen Orten

Aus diesem Grund sind fast alle Städte, die im Buch Genesis genannt werden, entlang des zentralen Gebirgsgrates des Landes angesiedelt: Abraham baute Altäre in Sichem und Bet-El; als sein Neffe Lot sich dazu entschloss, im Jordantal unten am Toten Meer zu leben (im Gebiet von Sodom und Gomorra), verbrachte Abraham viel Zeit im Gebiet von Mamre und Hebron, wo er und Sara möglicherweise begraben worden sind. Bei seinem Sohn Isaak sehen wir das gleiche Muster und auch bei seinen Enkeln Jakob und Esau, die zu unterschiedlichen Zeiten in Sichem, Bet-El und Betlehem waren. Abraham und Isaak besuchten auch Beerscheba, das ebenfalls auf diesem Grat liegt, aber weiter im Süden. Die Erzählung verlässt das zentrale Bergland nur, wenn Abraham und Jakob Kontakt zu ihren Verwandten, die in der Region bei Haran geblieben sind, aufnehmen, um eine Frau im weiteren Kreis ihrer Familie zu finden: Rebekka, die zu Isaak gebracht wird, Jakob, der viele Jahre daran arbeitet, die Hand Rahels zu gewinnen.

Für Abraham jedoch erschienen all diese Städte im Vergleich zu denen Mesopotamiens, das schon bereits ein Jahrtausend lang das Zentrum einer mächtigen Zivilisation war, als winzig. Als Gegensatz hierzu war Hazor, in Richtung Damaskus gelegen, die größte Stadt in der gesamten Region

Links: Die Erzählung von Abraham (mit Sara, die sich gerade versteckt), der bei den Eichen von Mamre drei Fremden Gastfreundschaft gewährt (Genesis 18), wurde von Christen so aufgefasst, dass sie auf den trinitarischen Gott hinweist. Hier auf einem Fresko in der Kirche von San Vitale in Ravenna, Italien, abgebildet.

Unten: Die Stadt Sichem, die mit Abraham und Jakob in Zusammenhang gebracht wird, aber auch als Begräbnisort Josefs gilt (siehe Genesis 12,6; 33,18-20; Josua 24,32), kam im 19. Jh. v. Chr. zu Berühmtheit. Die Mauern und das Stadttor wurden 200 Jahre später erbaut.

Oben: Genesis 32–33 beschreibt zwei Schlüsselereignisse in Jakobs Leben nahe des Ostufers des Jordan, als er vom Land fort- und dann wieder hineinzieht: seine Begegnung mit Gott in Bet-El und seine Versöhnung mit seinem älteren Bruder Esau.

(siehe Seite 44–45). Außerdem gab es eine Reihe von Handelszentren entlang der Küste mit Handelsverbindungen zur mediterranen Welt und vor allem nach Ägypten. Das Bergland jedoch lag weit entfernt von den Haupthandelswegen. Wenn überhaupt, so war dieses grüne und fruchtbare Land tiefste verlassene Provinz.

Moderne archäologische Forschung ist zu dem Schluss gekommen, dass dieses Land, das schon vor 2000 v. Chr. als Kanaan bekannt war, einen deutlichen Rückgang seiner Bevölkerungszahl erfahren hat: von vielleicht 150.000 Bewohnern im Jahr 2700 v. Chr. auf um die 100.000 Bewohner im Jahr 2000 v. Chr. Diese Jahrhunderte am Ende des dritten Jahrtausends, das als die frühe Bronzezeit IV bekannt ist, sind von daher als „nicht-urbanes Zwischenspiel" und ein vergleichsweise „dunkles Zeitalter", besonders in diesem Bergland, beschrieben worden.

Die Gründe für all dies sind heute unklar: Wenn es keine militärischen Invasionen gegeben hat, dann gab es irgendeinen gesellschaftlichen Zusammenbruch oder eine Veränderung im Geschäftsverkehr. Wie dem auch sei, das ist die Situation, auf die Abraham und Sara trafen. So kann es viele andere wie Abraham gegeben haben – „Amoriter“ (ein akkadisches Wort für „Menschen aus dem Westen“), die aus dem Norden kamen und die mit einer halb-nomadischen Lebensweise zufrieden waren. Abraham kann Teil einer allmählichen Veränderung in der Bevölkerung gewesen sein. Das Bergland war zu einer Art Vakuum geworden, das nur darauf wartete, gefüllt zu werden.

Bei diesen zeitlichen Abständen bleiben Unsicherheiten darüber unvermeidlich, wie wir diese frühe Geschichte des Landes rekonstruieren sollen. Trotzdem ist die biblische Tradition, nach der die Vorfahren der Israeliten von Haran einwanderten, stark. Noch viele Generationen später werden sie den Satz zitieren: „Mein Vater war ein heimatloser Aramäer“ (Deuteronomium 26,5), weil diejenigen, die Abraham in Haran zurückließ, allmählich aramäisch zu sprechen anfingen. Im Hinblick auf die genaue Datierung von Abrahams Reise weisen die Erzählungen im Buch Genesis einige Besonderheiten auf, die zum allgemeinen Charakter der mittleren Bronzezeit passen, zum Beispiel die besonderen Namen der Patriarchen, die später in der Bibel nicht mehr wiederholt werden, ihre Lebensweise als Halbnomaden und das politische Vakuum.

Oben: Diese alte Quelle in Beerscheba (hier aufgenommen im November 1919) könnte sehr wohl von Abraham und den Patriarchen benutzt worden sein (siehe Genesis 21,31).

Oben rechts nächste Seite: Eine Terrakotta-Vase aus Jericho, 1750–1500 v. Chr.

Rechts: Dieser archäologische Graben in Jericho hat Spuren einer Mauer zutage gefördert, die in das 6. Jahrtausend v. Chr. datiert wird.

Jahrhunderte der Ruhe

Um die Mitte des 17. Jahrhunderts v. Chr. gibt es einen kleinen Aufschwung. Nun gibt es eine bedeutende Anzahl von kleinen Städten, die wie Hazor, Aschkelon, Lachisch, Jericho, Megiddo, Bet-Schean, Geser und Sichem zu florieren beginnen. Doch nur die Letzte von diesen liegt im Bergland, das früher von Abraham besucht worden ist. Zu den bedeutenden Entwicklungen, die man in diesen Städten sieht, gehören einige sehr eindrucksvolle Be-

festigungen (zu Bet-Schean siehe Seite 12–13), eingefasste Zisternen und ausgeklügelte Kanalisationssysteme, zahlreiche religiöse Artefakte und eine erhöhte Anzahl städtischer Gebäude für die Elite mit Palastkomplexen in Hazor, Sichem und Lachisch.

Doch die Archäologen entdecken um 1500 v. Chr. noch einen anderen langsamen Rückgang in der kulturellen Entwicklung. Die Gründe hierfür liegen im Dunkeln. Möglicherweise herrschte eine Hungersnot oder Kanaan wurde von der ägyptischen Eroberung des wichtigen Handelszentrums Avaris im Nildelta negativ beeinflusst oder besonders getroffen, als Pharao Tutmoses III. Kanaan selbst überrannte.

Während der nächsten 300 Jahre (1500–1200 v. Chr., bekannt als Späte Bronzezeit) könnten diese politischen Veränderungen eine verhältnismäßige Blütezeit für diejenigen Orte an den Haupthandelswegen bedeutet haben, die offenkundig unter ägyptischer Kontrolle standen. Das zentrale Bergland aber könnte seinen Niedergang fortgesetzt haben. Jüngste Studien, die sich auf die Amarna-Briefe beziehen, legen nahe, dass es in dieser Periode bis zu 30 kleine Stadtstaaten in Kanaan gegeben hat, jeder von ihnen etwa 30 Kilometer vom nächsten entfernt. Zwischen ihnen gab es jedoch häufig Streit um die Grenzen. Die tatsächliche Steuerlast unter ägyptischer Herrschaft verursachte zudem einen zunehmenden Rückgang der Bevölkerungszahl. Wie zuvor lief das Leben am zentralen Kernland Kanaans vorbei.

Genau in diese Situationen hinein könnten einige von Abrahams Nachkommen, wie wir noch sehen werden, zurückgekehrt sein, nachdem sie gezwungen worden waren, viele Generationen lang außerhalb des Landes zu leben.

Links: Der schmale Fluss Jordan, der manchmal nur 10–15 m breit ist.

Das Jahrhundert der Eroberung (1260–1180 v. Chr.)

Etwa 500 Jahre nach der Zeit Abrahams fanden sich seine Nachfahren an einem seltsamen, unerwarteten Ort wieder, in Ägypten. Man kannte sie nun als „Hebräer". Bald aber würden sie „Israeliten" genannt werden. „Israel" war ein neuer Name, der Abrahams Enkel Jakob verliehen worden war, weil er „mit Gott gestritten" hatte. Die Mehrheit lebte am östlichen Ende des Nildeltas (genannt Goschen) und arbeitete als Sklavenarbeiter mit Ziegel und Mörtel für die mächtigen Bauprojekte von Pharao Ramses II. Wie um alles in der Welt sind sie gerade dorthin gekommen?

Das Land verlassen

Die Antwort darauf lautet: durch eine Hungersnot. Wie wir gesehen haben, konnte das Land Kanaan fruchtbar sein. Wenn aber die erwarteten Regenschauer nicht kamen, war es notwendig, weiterzuziehen. Beginnend mit Josef, Abrahams Urenkel, wanderten die mit Abraham verbundenen Sippen schließlich nach Westen zum „Brotkorb" Ägypten und zum Delta des großen Nil. Wenigstens dort konnten sie sich auf eine vorhersehbare Versorgung mit Wasser verlassen!

Diese Wanderbewegung kann sich vor oder währenddem ereignet haben, was die Ägyptologen als die zweite Zwischenzeit (ca. 1700–1542 v. Chr.) bezeichnen, als Unterägypten von den Hyksos („Herrscher fremder Länder"), einem Volk, das von Asien dorthin eingewandert war, übernommen wurde. Ihre Vertreibung durch die einheimischen Ägypter und die Zerstörung ihres Handelszentrums Avaris markiert schließlich den Beginn von Ägyptens so genanntem „Neuen Reich", die 18. Dynastie. Für die Israeliten bedeutete dies jedoch eine dramatische Umkehrung ihres Geschicks. Sie waren nicht länger willkommen und wurden als fremde Wanderarbeiter betrachtet, die man leicht ausbeuten konnte.

Rechts: Säulen im Grabtempel Ramses' III. (1186–1155 v. Chr.). Genesis 37–50 berichtet, wie Josef einige Jahrhunderte zuvor, obwohl als Sklave verkauft, zur rechten Hand des Pharao aufgestiegen war, umgeben von allen Zeichen ägyptischer Macht.

Unerträglicher Druck

Um 1320 v. Chr. begannen ägyptische Herrscher Avaris neu aufzubauen. Sie brauchten dringend billige Handarbeiter. Ramses II. erhöhte dann im Jahre 1279 v. Chr. den Druck, als er seine Baukampagne startete, um eine völlig neue Hauptstadt zu seinen Ehren zu errichten (Ramesses oder „Ramses", wie es in Exodus 1,11 heißt). Um 1250 v. Chr. war die Situation für die Israeliten untragbar geworden. Würden ihre Gebete, von dieser eskalierenden Unterdrückung befreit zu werden, jemals erhört werden? Wie war es möglich zu entkommen?

Wenn wir darauf zurückblicken, begreifen wir, welch schwierige Aufgabe diese Flucht war. Ihre Großeltern haben ihnen möglicherweise häufig Geschichten von einem fruchtbaren Land im Osten erzählt, doch wenige waren jemals dort gewesen. Waren diese Berichte übertrieben? Die einzig mögliche Route, um zu diesem vermuteten Kanaan zu gelangen, führte entlang der Küstenstraße (der „Straße am Meer"), aber diese war durch eine lange Linie von Außenposten des Pharao schwer bewacht. Auch wenn der Pharao bereit war, sie ziehen zu lassen – das ganze Unternehmen war zum Scheitern verurteilt! Aber *nicht*, wie sie später erzählten, wenn Gott mit ihnen war.

Dramatische Rettung

So beginnt die größte Rettungsgeschichte, die jemals erzählt worden ist, der „Exodus" oder Auszug aus Ägypten. Es ist eine Geschichte, die von Erlösung, von Entlassung aus der Sklaverei in die Freiheit, zu der Machtspiele gehören, und schließlich von der Niederlage eines Unterdrückers erzählt. Es ist eine Abenteuergeschichte, die von einem Aufbruch in das Unbekannte, einer riesigen, ungastlichen Wüste und einem Ödland ohne Wege handelt, voll von Taten menschlichen Mutes und menschlicher Schwäche, von Dummheit und Unglauben, mit erstaunlichen Zufällen und Wundern, die jene, die dabei waren, als nichts anderes deuteten, als dass sich die Hand ihres jüngst wiederentdeckten Gottes gezeigt habe. Kein Wunder also, dass sich ihre Kindeskinder an dieses Ereignis noch in den kommenden Generationen erinnern, indem sie es jedes Jahr feiern und es so wieder lebendig werden lassen, als ob sie dabei gewesen wären. Das war ein monumentales, grundlegendes Ereignis, ein Ereignis, das den Charakter der Israeliten prägen und ihre nationale und religiöse Identität formen sollte.

Das Drama begann mit Mose, von hebräischen Eltern geboren, aber in Pharaos eigenem Haushalt großgezogen und so mit einem ägyptischen Namen versehen. Mose ging allein in die Wüste und hatte eine Begegnung mit dem Gott Abrahams, der durch einen neuen Namen enthüllt wurde, Jahwe („Ich bin der ich bin"). Erfüllt von dieser neuen Vision, gingen Mose und sein Bruder Aaron zurück zum Pharao, um die Entlassung der Hebräer zu erbitten, allerdings mit geringen Erwartungen. Doch plötzlich wurde Ägypten im Zeitraum von neun Monaten (Juli bis April) von einer Reihe von neun Naturkatastrophen geplagt. Pharaos Beschluss, die Israeliten im Land zu halten, begann zu bröckeln. Er fiel, als ägyptische Familien, auch seine eigene, des Morgens erwachten und feststellten, dass ihre ältesten Söhne gestorben waren. An dieses Ereignis, als Jahwe Ägypten einem schrecklichen Gericht übergab, während er die Kinder Israels verschonte (Exodus 12), wird an Pascha erinnert.

Die Israeliten flohen daraufhin und fanden eine sichere Passage durch das heimtückische, sumpfige Gebiet des Schilfmeeres. Bald danach gelangten sie zum Berg Sinai, wo sich Jahwe machtvoll offenbarte und ihnen die Zehn Gebote gab, einfache, aber allzeit gültige Regeln, die die Gottesverehrung und den Lebensstil dieses jüngst erlösten Volkes betrafen. Etwas später befanden sie sich in Kadesch-Barnea, nur 110 Kilometer vom südlichen Ende des Toten Meeres entfernt, aber sie gerieten in Furcht, als sie den Bericht einiger Spione hörten, die Mose losgeschickt hatte, um das Land Kanaan zu erkunden. So wurden sie auf einen Umweg geführt. Das alles wird im Buch Numeri beschrieben.

Unten: Beim Blick über die Halbinsel Sinai (durch das Fenster des Space Shuttles Columbia) kann man die Größe der Aufgabe der Israeliten ermessen.

Oben: Der Berg Sinai (Jebel Musa), die traditionelle Stätte im Süden der Halbinsel Sinai. Das Katharinenkloster (griechisch-orthodox; im 6. Jh. n. Chr. gegründet) beherbergt den vermuteten Ort des brennenden Dornbusches (Exodus 3,2) sowie eine Bibliothek mit Texten von unschätzbarem Wert.

Links: Wandmalerei (ca. 245 n. Chr.) aus der Synagoge von Dura Europos, im heutigen Irak, die Mose und Aaron zeigt, wie sie die Israeliten durch das Schilfmeer führen.

Bereit, ins Land zu ziehen

Tatsächlich erreichen sie schließlich, eine Generation später („vierzig Jahre" in der Sprache der Bibel), den Berg Nebo, von dem aus Mose und die Israeliten nach Westen schauen und endlich das letzte Ziel all ihrer Wanderungen sehen konnten: das verheißene Land.

Diese neue Generation von Israeliten hatte vielleicht schon eine Ahnung davon, dass die richtige Herausforderung eben erst begonnen hatte: Denn sie mussten hinabsteigen, den Jordan überqueren und dann das alte Jericho und die kleinen Städte im Hügelland in Besitz nehmen. Diese Aufgabe, die im Buch Josua beschrieben wird, so heißt Mose Nachfolger als Führer der Israeliten, würde Gehorsam, Disziplin und begrenzten Kampfeinsatz erfordern und dann viel Geschicklichkeit beim Kultivieren des Landes.

Für Mose aber war das der Abschied. Der große Führer der Israeliten, an den man auch noch später als den „Freund Gottes" dachte (siehe Exodus 33,11), starb, bevor er das Land betrat. In einer Reihe von bewegenden Abschiedsreden im Buch Deuteronomium bittet er die Israeliten, sie sollten den Gott, der sie erlöst hatte, nicht vergessen, wenn sie schließlich das Land betreten: „Darum sollst du den Herrn, deinen Gott, lieben mit ganzem Herzen, mit ganzer Seele und mit ganzer Kraft" (Deuteronomium 6,5).

Oben: Eine der flachen felsigen Wüstenebenen nahe des Berges Zin (in der Negebwüste, nicht weit vom Lager der Israeliten bei Kadesch-Barnea).

Rechts: Heute sehen, was Mose einst sah: der Blick vom Berg Nebo hinab in das Jordantal über die Berge des „verheißenen Landes".

Die Besiedelung des Landes

Ein junges Mädchen hilft, die Ernte einzubringen. Alles sieht so entspannt aus, wie auf dem Bild mit den jungen Hirten, die in der Sonne des Spätnachmittags gemächlich über ihre Herden schauen. Doch an ihr ist etwas anders. Sie ist eine Fremde und ihr Blick ist entschlossen.

Ruhe auf dem Land?

Ihr Name ist Rut und ein ganzes Buch erzählt ihre Geschichte: wie sie, trotz ihrer Abstammung aus dem Feindesland Moab, als eine junge Witwe mit ihrer Schwiegermutter nach Betlehem kommt, wie sie schließlich Boas, den Besitzer des Erntefeldes, heiratet und einen Sohn zur Welt bringt, der der Großvater eines anderen Hirtenjungen mit Namen David werden wird.

Es ist etwa 150 Jahre her, seit die Israeliten das verheißene Land betreten hatten. Die idyllischen Szenen ländlichen Lebens machen einen glauben, alles sei ruhig abgelaufen. Doch die Ankunft der Israeliten war nicht ohne Schwierigkeiten gewesen (siehe das Buch Josua). Dann gab es gärende Spannungen unter den verstreuten Stämmen, als sie das Land erschlossen (siehe das Buch Richter). Auch gab es Hungersnöte. Hatte Jahwe sie vergessen? Wird er einen Herrscher schicken, um Ordnung in dieses Chaos zu bringen? Der Autor des Buches Rut gibt eine klare Antwort: Ja, der Gott Israels wirkt immer noch, sogar in den Geschehnissen alltäglichen Dorflebens, und er setzt seine Absichten um.

Schafhirten mit ihrer Herde nahe Betlehem.

Veränderungen in der Bevölkerung

Sobald die Israeliten das Land betreten hatten, waren sie mit Herausforderungen konfrontiert. Obwohl das zentrale Bergland spärlich bevölkert war, hatten die einheimischen Kanaaniter in ihren kleinen Dörfern und Städten die Eindringlinge nicht bereitwillig empfangen. Es gab unvermeidliche Gefechte in Jericho und Ai, dann in den hiwitischen und jebusitischen Gebieten um Jerusalem herum und noch viele Jahre später, als die Israeliten nach Norden vordrangen. So beschreibt eine der ältesten und dramatischsten Erzählungen der Bibel, wie die Israeliten (ca. 1110 v. Chr.) das nördliche Tal von Jesreel, das für die Getreideproduktion eine herausragende Rolle spielte, durch die Führung Baraks und einer geschickten und mutigen Frau namens Debora eroberten.

Widerstand kam auch durch die Menschen an der Westküste. Um 1180 v. Chr. waren die Seevölker angekommen (von denen einige wegen Unruhen auf dem griechischen Festland geflohen waren) und hatten fünf Städte im Südwesten des Landes besetzt. Diese verschiedenen Gruppen brauchten allesamt Orte, wo sie leben, und Land, das sie bebauen konnten. Das führte zu unvermeidlichen Spannungen.

Hundert Jahre später werden die Nachfahren der Seevölker, die uns als Philister bekannt sind, starken Druck auf die Israeliten ausüben, die sich nun im Bergland eingerichtet hatten. Zu irgendeinem Zeitpunkt während dieser Periode entschieden sich die Mitglieder eines israelitischen Stammes (Dan), in den weiten Norden unterhalb des Berges Hermon umzusiedeln, obwohl ihnen ursprünglich ein Gebiet entlang der Mittelmeerküste zugewiesen worden war. Für die israelitischen Stämme war es offenkundig leichter, nach Norden als nach Westen hin zu expandieren.

Oben: Frauen sammeln die Weizenernte in den Hügeln Judäas.

Rechts: Arbeit auf einem Dreschplatz auf dem terrassierten Berg unmittelbar außerhalb des alten Nazaret.

Überreste, die sprechen

Der archäologische Befund für dieses Gebiet ist faszinierend. Verschiedene Städte tragen Spuren, die darauf hinweisen, dass sie durch Feuer zerstört worden sind. Die Spuren sind aber über einen Zeitraum von 200 Jahren zufällig gestreut und es ist unklar, ob all diese Zerstörungen von den ins Land kommenden Israeliten verursacht worden sind.

Es gibt jedoch klare Anzeichen für ein Bevölkerungswachstum, besonders im nördlichen Hügelland von Samaria, das mit dem Stamm Ephraim in Verbindung gebracht wird. Ein Archäologe hat geschätzt, dass ungefähr um 1200 v. Chr. die Zahl der Dörfer und unbefestigten Siedlungen hier innerhalb einer Generation von 23 auf 114 angestiegen war, mit einem Bevölkerungszuwachs von 14 000 auf 38 000. Auch wenn sie die Kanaaniter nicht aus ihren zentralen Städten verdrängen konnten, siedelten die Israeliten offenkundig an Orten, die zuvor nicht bewohnt waren. Ein zentraler Faktor, der dieses neue Siedeln möglich machte und der von der Archäologie ausreichend bestätigt worden ist, war ihr neuartiger Gebrauch von bedeckten Zisternen, um Wasser zu speichern und das Land zu bewässern sowie der zahlenmäßige Ausbau der terrassierten Berghänge.

Oben rechts: Das nördliche Siedlungsgebiet von Dan im Vorgebirge unterhalb des Berges Hermon.

Oben: Die typische terrassierte Landschaft des nördlichen Hügellandes, das vom Stamm Benjamin bevölkert und kultiviert wurde.

Links: 10 000 israelitische Soldaten unter dem Befehl Baraks und Deboras stiegen vom Berg Tabor hinunter, um die kanaanitischen Streitkräfte unter Sisera im Tal von Jesreel zu besiegen (Richter 4–5).

Die Archäologie legt auch nahe, dass es in gewisser Weise keinen radikalen Bruch in der Kultur gab. Die Stile in der Töpferei blieben ähnlich, wenngleich sie einen leichten Rückgang in der Höhe der Handwerkskunst aufwiesen. Deshalb können in einigen Städten, in denen die Israeliten die Herrschaft kampflos übernahmen, die Archäologen den Wandel nicht so leicht nachweisen. Einige Dinge jedoch treten deutlich hervor. Nach ca. 1200 v. Chr. werden keine der örtlichen Tempel wieder aufgebaut, Votivfiguren werden nicht mehr hergestellt und, was bezeichnend ist, die Zahl der entdeckten Schweineknochen sinkt rapide. Es scheint so, als hätten diese Neuankömmlinge kein Schweinefleisch gegessen.

Herausforderungen und Kompromisse

Offenkundig hatten die Israeliten damals ihre besonderen religiösen Überzeugungen mitgebracht. Die so schmerzhaft in der Wüste gelernten Lektionen hatten sie nicht vergessen. So kam es, dass sie im Verlauf des 12. Jhs. v. Chr. Schilo als ihr Kultzentrum etablierten. Es gab einen festen Altar anstelle des tragbaren Zeltes, das die Bundeslade beherbergt hatte. Und wenn sie ihren Werten treu blieben, könnten vermutlich andere Bewohner des Landes oder Neuankömmlinge, die von dem neuen Glauben der Israeliten angezogen wurden, beizeiten ihrer Gemeinschaft beitreten.

Doch wie Mose gewarnt hatte: Der Kompromiss war immer eine Gefahr. Wenn die Dinge anfingen, für sie gut zu laufen, könnte Jahwe leicht in Vergessenheit geraten. Heidnische Verehrung und heidnische Werte, die moralisch weniger verlangten, könnten sich wieder einschleichen und religiösen Synkretismus erlauben. Dies würde für die Israeliten eine weit länger andauernde Auseinandersetzung bedeuten, als die militärischen Einsätze am Anfang. Deshalb sammelte Josua am Ende seiner

Oben: Die kargen Berge von Schilo, wo Israels Bundeslade in den Jahrhunderten vor Salomo aufbewahrt wurde.

Links: Der Berg Garizim im *Vordergrund* (siehe ebenso S. 66–67) mit dem Berg Ebal jenseits über dem alten Ort Sichem gelegen (siehe S. 16).

Rechts: „Israel ist verwüstet“, prahlt Pharao Mernephta auf dieser Steintafel, die an seine Siege erinnert. Er regierte von 1213–1203 v. Chr.

Kämpfe die Stämme an einem zentralen Ort, in Sichem, um den Bund zu erneuern im Dienste Jahwes (Josua 24). Mit Blick auf die beiden Gipfel des Garizim und des Ebal fordert er sie heraus: „Entscheidet euch heute, wem ihr dienen wollt“ (Vers 15).

Sie bekräftigen: „Wir werden dem Herrn folgen!“ Doch immer würde das nicht so sein. Das Buch Richter sagt, dass jeder „tat, was in seinen eigenen Augen recht war“. Einige Führer werden allen Ernstes bloßgestellt: Samson, Jephta und sogar der heldenhafte Gideon. Was die Israeliten auf der menschlichen Ebene brauchten, war jemand, der ihnen eine starke politische und religiöse Führung gab, jemand, der sie als eine Nation und als das Volk, das Jahwe verehrt, zusammenführen konnte. Aus diesem Grund war der Autor des Buches Rut so daran interessiert, was auf jenen Feldern vor Betlehem vor sich ging …

KAPITEL 2

STÄMME UND KÖNIGE (1050–587 v. Chr.)

*Da steht eine murmelnde Frau.
Daneben fragt sich ein alter Mann, der auf einem Stuhl sitzt, ob sie wohl betrunken ist. Doch in Wirklichkeit betet sie. Jahr für Jahr ist sie hierher zum Jahwe-Heiligtum nach Schilo gekommen und hat darum gebetet, dass sie nächstes Jahr um diese Zeit ein Kind haben werde. Zu ihrer Freude wird ihr nächstes Jahr ein Sohn geboren werden.*

Die Ära von Samuel und Saul

Dies hier ist ein anderes kleines Bildelement in der langen Geschichte des Heiligen Landes. Aber aus Bildern dieser Art wird Geschichte gemacht. Wie Rut ein paar Jahre zuvor in Betlehem wird auch diese Frau ein bedeutendes Kind zur Welt bringen: den Propheten Samuel.

Die Suche nach einem König

Dies war eine Schlüsselzeit für die sich im Übergang befindende aufstrebende „Nation". Fast 200 Jahre, nachdem sich die Israeliten über das Land hin verteilt hatten, war die Zeit für eine Zentralisierung gekommen. Samuel wuchs in Schilo mit Eli, einem alten Priester, als seinem Vormund auf. Und nachdem er selbst zum fähigen Führer der Stämme geworden war, salbte er auf ihre drängenden Bitten hin zuerst Saul und dann den jungen David zu ihren Königen.

Hatten die Leute vergessen, dass sie von Gott allein als ihrem König regiert werden sollten, also ihr Land nicht eine Monarchie, sondern eine Theokratie sein sollte? Waren sie im Begriff, Jahwe zurückzuweisen? Möglicherweise. Aber bei allem Hin und Her, anschaulich beschrieben im ersten Buch Samuel, spürten die biblischen Autoren, dass Gott die Bitte seines Volkes, auch wenn sie auf unterschiedlichen Motiven beruhte, erhört und die Dinge zum Besseren hin wendet, hin auf das Erscheinen eines gottesfürchtigen Herrschers, auf David.

Unten: Die Ruinen von Schilo, das Heiligtum, wo die Bundeslade aufbewahrt wurde und wo Hanna Samuel unter der Obhut Elis zurückließ (1 Samuel 1–4).

Ein beständiger Feind

Die junge Nation war fortwährend Angriffen ausgesetzt, sowohl denen der Ammoniter östlich des Jordan als auch denen der Philister im tieferen Bergland nach Westen hin. Grenzstreitigkeiten und Scharmützel gab es häufig mit Samuel, Saul und seinem Sohn Jonatan, die alle den Feind abwehren mussten.

Dieser Konflikt führte zu einigen denkwürdigen Geschichten. Eine davon betrifft die Bundeslade. Eli fiehl von seinem Stuhl und starb, nachdem er die Nachricht vernahm, dass die Bundeslade, welche vor kurzem von Schilo auf das Schlachtfeld mitgenommen worden war, um die Israeliten zu schützen, von den Philistern geraubt und in einem ihrer Tempel, die ihrem Gott Dagon geweiht waren, aufgestellt worden war. Doch einige Monate später gab es in der Stadt Bet-Schean Anlass zu großer Freude, als ihre Bewohner sahen, wie zwei Kühe aus dem Gebiet der Philister auf sie zukammen und eine seltsame Fracht zogen: Es war die Bundeslade, die auf diese Weise unbewacht nach Hause zurückkehrte!

Eine andere Geschichte handelt vom jungen David. Als er seinen älteren Bruder in der Armee besuchte, reagierte er auf den Spott des Philisterhelden Goliat, der die Israeliten zu einem Einzelkampf herausforderte. David verzichtete auf eine Rüstung und ging tapfer nach vorn, nur mit einigen Steinen und seiner Schleuder ausgerüstet. Der Stein traf sein Ziel, Goliats Stirn, und der Philister fiehl tot zu Boden. Die Feinde der Israeliten flohen und die Kunde von Davids Heldentat verbreitete sich schnell.

Oben: Das Tal von Ela, wo David mit Goliat kämpfte.

Ganz rechts: Bet-Schemesch, das „Haus der Sonne", wo den Israeliten die Lade wiedergegeben wurde (1 Samuel 6,9-18).

Rechts: Eine kleine, fast 13 cm große, Terrakotta-Statuette, welche die von den Philistern in Aschdod verehrte Göttin „Aschdoda" darstellt (12. Jht. v. Chr.).

Rivalität und Tragödie

Doch König Saul, der immer unsicher und jetzt auch insgeheim voller Neid war, konnte damit nicht umgehen. Eine Zeit lang wurde David am königlichen Hof geduldet, aber schließlich floh er um sein Leben, versteckte sich zuerst in der Wildnis von Judäa und nahm dann, bizarrerweise, Zuflucht bei den Philistern. Dort war der sicherste Platz, um den Klauen von Sauls wütender Paranoia zu entkommen.

Sauls Leben war geprägt von brillanten und verheißungsvollen Momenten, aber im Angesicht seines Todes gestand er sich ein, dass er den Narren gespielt hatte. In seinen letzten 48 Stunden, am Vorabend der Schlacht, sehen wir ihn voller Schrecken. Er befragte in seiner Verzweiflung ein Medium, um den Rat des verstorbenen Samuel zu erhalten, und ging dann hinaus, um den Philistern auf den Bergen

von Gilboa gegenüberzutreten, wo er schwer verwundet wurde. Er bat seinen Waffenträger, ihn mit seinem Schwert zu töten, vollbrachte diese Tat dann aber selbst.

Das ist ein tragisches Ende. Und obwohl David der König in Wartestellung ist, war er voller Trauer: „O Berge von Gilboa … wie die Mächtigen gefallen sind … Saul und Jonatan liegen erschlagen auf deinen Höhen!“ Doch dies machte nun den Weg frei für David, seine Herrschaft anzutreten, die ihn berühmt gemacht hat.

Unten: Blick nach Westen auf die Hügel von Gilboa, wo Saul und Jonatan im Kampf starben (1 Samuel 31; 2 Samuel 1).

Das Jahrhundert königlicher Blüte (1020–930 v. Chr.)

Also wird ein neuer König gekrönt. Mit Sauls Tod kann David in sein Heimatland zurückkehren und seine Herrschaft ausüben. Zunächst nur im Süden. Sieben Jahre lang residiert er in Hebron, dem Begräbnisort der Patriarchen, doch allmählich gewinnt er auch diejenigen im Norden, die Sauls Nachkommen die Treue gehalten haben.

So begann Davids entscheidende Herrschaft über alle Stämme Israels, eine Ära, die in der Geschichte Israels einen Höhepunkt darstellte. Unter David (ca. 1010–970 v. Chr.) und dann unter seinem Sohn Salomo (ca. 970–930 v. Chr.) wurde das Jahwevolk unter einer zentralen starken Führung vereinigt. Es kontrollierte ein großes Gebiet mit fremdländischen Menschen, die jenseits Damaskus und sogar am Euphrat lebten und Tribut zahlten.

Davids Juwel: Jerusalem

Die verstreuten Stämme waren nun tatsächlich zu einer Nation vereint, die eine neue Hauptstadt brauchte. In einem brillanten strategischen Zug, so wie ein meisterhafter Bauhandwerker den Schlussstein auf die Spitze eines Gewölbes setzt, vereinigte David die nördlichen und südlichen Teile seines Königreiches, indem er Jerusalem zur Hauptstadt machte. Jahrhundertelang war *Jeru-Schalaim* (d. h. „Stadt des Friedens“) eine Jebusiterstadt gewesen, eine kanaanitische Enklave, umgeben von den sich ausbreitenden israelitischen Stämmen. Aber David vertrieb die Jebusiter und begann dort seinen Palast zu bauen. Nach modernem Maßstab war die „Davidsstadt“ winzig, ein enger Landvorsprung, annähernd 100 Meter breit und 300 Meter lang. Aber sie hatte den großen Vorteil, dass man sie leicht verteidigen konnte, auf jeder Seite, außer nach Norden hin, von steilen Tälern umgeben, und dass sie im Süden eine dauerhafte Frischwasserversorgung hatte. Ihre Lage auf dem zentralen Kamm des Landes machte sie für David zum idealen Ort, um seine Herrschaft zu errichten.

Rechts: Die Davidsstadt am Ofel Kamm, umgeben vom Kidrontal (*rechts*) und dem tyropöonischen Tal bzw. Käsemachertal (*links*) mit dem Tempelbergbezirk im Hintergrund nach Norden hin.

Links: Das Hügelland innerhalb des Stammes Juda, 15 km südöstlich von Jerusalem, mit Blick auf das Dorf Tekoa, *in mittlerer Entfernung links*. Joab arrangierte den Besuch einer „weisen Frau aus Tekoa“ bei David, um ihn davon zu überzeugen, Abschalom wieder in Jerusalem aufzunehmen.

Schwierigkeiten zu Hause

Doch nicht alles verlief friedlich. David konnte wohl sowohl die Philister als auch die Ammoniter besiegen, aber Israel selbst blieb unruhig. Die zivile Unruhe machte eine starke Hand nötig. Wenn man den aufschlussreichen Bericht in 2 Samuel liest, so scheint es, als ob David, der erfolgreiche Kriegerkönig auf fremdem Terrain, hoffte, dass er um den Frieden zu Hause nicht kämpfen muss. Harte Maßnahmen wurden in der Regel an seinen Oberbefehlshaber Joab abgegeben.

Auch gab es Probleme innerhalb des königlichen Hofes und innerhalb seiner Familie. Es war nicht nur sein Ehebruch mit Batseba und der durch ihn veranlasste Tod ihres Ehemanns Urija, es gab auch eine bittere Rivalität unter seinen Söhnen und Ungewissheit über seine Nachfolge. Amnon, einer seiner Söhne, vergewaltigte die Schwester seines älteren Halbbruders Abschalom, der Amnon daraufhin ermordete. Abschalom floh vor seinem Vater, aber nach drei Jahren ließ sich David erweichen und erlaubte ihm die Rückkehr nach Jerusalem. Zwei weitere Jahre lang trafen sich Vater und Sohn nicht. Danach revoltierte Abschalom und riss den Thron in Hebron an sich. David floh über den Ölberg in die Wüste. Abschalom übernahm sofort die Kontrolle in Jerusalem. Dann aber führte Joab Davids Truppen in die Schlacht in einem bewaldeten Gebiet.

David befahl seinen Truppen ausdrücklich, Abschaloms Leben zu verschonen, aber in dem Tumult verfing sich Abschalom mit seinem Haar im überhängenden Ast einer Eiche. Als Davids Truppen dies Joab berichteten, ging Joab zurück und stieß drei Speere durch Abschaloms Körper. Als David dies hörte, war er bestürzt: „ Mein Sohn Abschalom, mein Sohn, mein Sohn Abschalom! Wäre ich doch an deiner Stelle gestorben" (2 Samuel 19,1). Schließlich stand David auf, von Joab überzeugt, dass seine Reaktion die Truppen demütigt, die für ihn so treu gekämpft hatten. Er machte seinen Männern Mut und kehrte schweren Herzens nach Jerusalem zurück. Das ist eine tragische Begebenheit im Leben Davids, ein grausamer persönlicher Stachel inmitten seines öffentlichen Erfolgs.

Gebete aus dem Herzen

Zu Recht erinnert man sich an David auch wegen seiner Schriften. Über 70 Psalmen werden ihm zugeschrieben. Einige haben einen militärischen Einschlag, wie Psalm 18, aber die meisten haben eine zärtliche persönliche Note, wenn er seine Bedürfnisse demütig vor Gott bringt. Dazu gehört sein Eingeständnis des Vergehens an Batseba (Ps 51) und, was wohl am berühmtesten ist, seine Gedanken in Psalm 23 über „den Herrn, meinen Hirten". Trotz seiner Fehler, die er nicht verbirgt, erinnern sich die biblische Autoren an ihn als einen „Mann nach Gottes Herzen" (1 Samuel 13,14).

David wollte in Jerusalem auch ein „Haus", einen Tempel, zu Ehren Jahwes erbauen. Durch den Propheten Natan wurde ihm jedoch offenbart, dass Gott dies nicht wolle: Jahwe würde ein „Haus" (oder Dynastie) für David errichten, aber das Heiligtum, das die Bundeslade „beherbergen" sollte, würde von seinem Sohn, König Salomo, erbaut werden.

Links: Die Abendsonne scheint auf den Ölberg. David entkommt auf der Flucht vor seinem Sohn Abschalom über diese Hügel in die dahinter liegende Wüste.

Oben: Unter den Königen Salomo und Jehu begannen Kampfwagen gang und gäbe zu werden.

Ruhm und Hingabe

Bei Salomos Herrschaft erinnert man sich an viele Dinge: den zunehmenden Wohlstand der Nation, der den Besuch der Königin von Saba anzieht; an die Befestigung verschiedener Städte im Norden des Landes (wie z. B. Hazor) als Abwehr gegen die Aramäer, die sich um Damaskus herum konzentrierten; sowie an den Bau einer kleinen Schiffsflotte, um die exotischen Waren aus der südlichen Araba und möglicherweise sogar aus Indien herbeizubringen. Doch aus der Sicht der biblischen Autoren war sein fortwährendes Vermächtnis der Jerusalemer Tempel.

Mit Steinen, die aus den nahegelegenen Steinbrüchen gehauen wurden, errichtete man ihn auf dem höchsten Punkt des Berges genau im Norden der Davidsstadt. Geschmückt wurde er mit verschwenderischen Ausstattungen aus Gold und Bronze. Was noch bemerkenswerter ist: Salomo unterzeichnete auch ein Handelsabkommen mit König Hiram von Tyrus, das es ihm ermöglichte, das Dach des Tempels aus libanesischen Zedern herstellen zu lassen. Sie vereinbarten, dass Hirams Arbeitskräfte das Holz ans Mittelmeer transportieren und die Küste hinunterflößen sollten. Salomos Arbeiter, die in Schichten arbeiteten

(einen Monat waren sie auf dem Libanon, zwei Monate zu Hause), brachten es dann nach Jerusalem.

Nach sieben emsigen Baujahren bot die Einweihung des Tempels die Gelegenheit zu einer großen Danksagung. Von weit her zogen Menschen hinauf nach Jerusalem, um dieses krönende Werk zu feiern und zwei ganze Wochen lang das Fest zu genießen. „Gepriesen sei der Herr, der seinem Volk Ruhe geschenkt hat“, betete Salomo, „er verlasse uns nicht und verstoße uns nicht“ (1 Könige 8,56-57).

Rechts: Blick von den Bergen Moabs in südwestlicher Richtung zum Golf von Akaba, der südlichsten Spitze von Salomos Königreich, wo seine Flotte stationiert war.

Unten: Der *Tell* von Hazor, der größten Stadt in Kanaan, 16 Kilometer nördlich des Sees Gennesaret (siehe z. B. Josua 11,10; Richter 4,2). Von den Israeliten besetzt, wurde die Stadt während der Herrschaft Salomos wieder aufgebaut, später jedoch von den Assyrern zerstört (2 Könige 15,29).

Abstieg und Fall

Diese großen Worte Salomos bei der Einweihung des neuen Tempels in Jerusalem bilden einen Höhepunkt in der Geschichte Israels. Doch von jetzt an ging es nur noch bergab.

So jedenfalls wird es von den Autoren des ersten und zweiten Königbuches gesehen. Wenn sie die Monarchen beschreiben, die auf David und Salomo folgen, erzählen sie eine Geschichte des stetigen Abstiegs. Eine Geschichte, die von Uneinigkeit, Missklang und, was für sie besonders bedenklich ist, von Ungehorsam gegenüber dem Gott Israels geprägt ist. Warum sonst hätte sich das von David errichtete große Königreich schon bald in zwei miteinander kriegführende Parteien gespalten, indem sich unter Salomos Nachkommen die zehn Nordstämme „Israels" von „Juda" trennten? Warum würde alles in Unheil, Niederlage und Verzweiflung und schließlich in der Zerstörung des salomonischen Tempels (587 v. Chr.) durch die Hände eindringender, gottloser Armeen enden? Gott, so glaubten sie, habe David ein zentrales Versprechen gegeben und seine Dynastie wie eine „Leuchte" an einem dunklen Ort aufgestellt (siehe z. B. 1 Könige 11,36; 2 Könige 8,19). Doch nun, durch die Torheiten seiner Nachfolger, war das Licht dieser Leuchte fast zum Erlöschen gebracht.

Oben rechts: Samaria, auf einem etwa 90 m hohen Hügel gelegen. Später als „Sebaste" von Herodes dem Großen neu gegründet.

Rechts: Die sanften Berge in der Region von Samaria bzw. „Ephraim". Bevor es von den Israeliten besiedelt worden war, bedeckten Wälder dieses Bergland.

Links: Ausgrabungen in der alten Stadt Samaria, Hauptstadt des Nordreiches „Israel" von 875–722 v. Chr., zeigen den königlichen Palast, der mit Königen wie Ahab (871–852 v. Chr.), der mit Isebel verheiratet war, und mit Jehu (841–814 v. Chr.) in Verbindung gebracht wird.

Eine geteilte Nation

Ein Mann namens Jerobeam führte einen Aufstand an und etablierte sich als Herrscher eines getrennten Königreiches, dessen Hauptstadt ursprünglich Sichem war, schließlich aber nach Samaria verlegt wurde. Unterdessen blieben die zwei Stämme Juda und Benjamin im Süden Rehobeam, dem Sohn Salomos, der von Jerusalem aus regierte, treu. In den zwei kommenden Jahrhunderten wurden beide Königreiche kontinuierlich durch Staatsstreiche und Gegenputsche erschüttert und durch eine andauernde bittere Rivalität zwischen Norden und Süden dauerhaft gespalten.

Es gab eine einzig wirkliche Ausnahme Mitte des neunten Jahrhunderts, als Joram, der König von Juda, Atalja, eine Tochter König Ahabs von Israel, heiratete. Aber dieser Versuch einer Wiederannäherung missglückte schon bald und endete in einer Beinahekatastrophe für Juda. Als Königinmutter ergriff Atalja in Jerusalem die Macht und ließ alle verbliebenen Prinzen ermorden, außer dem jungen Joasch, der in die Tempelhöfe geschmuggelt und dort im Verborgenen sieben Jahre lang aufgezogen wurde. Dann, an einem Freitagabend, wurde er von seinem Onkel zum König ge-

Oben: Auf einem Relief aus dem Palast von Nimrud sind assyrische Schreiber und Soldaten abgebildet.

Links: Der alte *Tell* von Megiddo mit seiner kreisförmigen Treppe hinunter zu seiner verborgenen Wasserversorgung, Ort zahlreicher Schlachten.

krönt und Atalja vom Pöbel getötet. So hatte Davids königliche Linie in Juda überlebt, aber nur gerade so.

Innere Auseinandersetzungen spalteten die Nation. Jenseits ihrer Grenzen brauten sich ebenfalls Schwierigkeiten zusammen. Mit Ägypten im Süden und dem zunehmend expandierenden Imperium der Assyrer im Nordosten war die kleine Nation von Davids Nachfolgern immer in Gefahr, von seinen stärkeren Nachbarn angegriffen und mit Leichtigkeit überrannt zu werden.

Das war besonders für die Bewohner des Nordreiches Israel eine Realität. Es lag quer zur Hauptverbindungsstraße, der *via maris* (d. h. „Seestraße"), die Ägypten mit Damaskus verband. Oft hörten sie den Lärm der Armeen, die das Jesreeltal nach Megiddo entlang und durch einen der schmalen Engpässe des Karmelgebirges marschierten. Das Bergland um Samaria war etwas sicherer, aber nicht sehr viel mehr. Anfänglich waren die nördlichen Stämme in Scharmützel mit den aramäischen Königen von Damaskus verwickelt, aber dann, etwa ab 800 v. Chr. zeichnete sich die Furcht einflößende Macht der Assyrer ab. Als die Flutwelle näher kam, schmiedeten ihre Führer verzweifelte Allianzen und Friedensverträge, aber schließlich konnte nichts verhindern, dass die Welle über ihre Köpfe hereinbrach. So wurde 722 v. Chr. das Nordreich Israel vom assyrischen Herrscher Salmanassar V. überfallen und viele aus der Bevölkerung umgehend in Städte seines weit entfernten Reiches deportiert.

Gnadenfrist für Jerusalem

Dies war ein verheerender Schlag: das Verschwinden von zehn der zwölf Stämme Israels in die Vergessenheit. Verständlicherweise fragten sich die Bewohner des südlichen Juda, wann *sie* an der Reihe wären. Nur zwanzig Jahre später sah es so aus, als wäre das Ende in Sicht. Auf Salmanassar V. folgte Sargon II. (722–705 v. Chr.) und dann Sanherib (705–681 v. Chr.), der einen Feldzug gegen die Einwohner Judas begann, weil ihre Könige sich weigerten, ihm Tribut zu zahlen. Die Küstenstraße hinunterziehend, drehte Sanherib dann ins Landesinnere, um die judäische Festungsstadt Lachisch zu belagern und zu zerstören. Nächste Station war Jerusalem.

König Hiskija, der Prophet Jesaja und alle Einwohner Jerusalems wachten eines Morgens im Jahr 701 v. Chr. auf und fanden den Befehlshaber der assyrischen Armee vor ihren Mauern. Drei von ihnen wurden hinausgesandt, um mit ihm zu verhandeln, in der Hoffnung, dass ein ruhiges Wort auf Aramäisch zu einer friedlichen Lösung führen würde. Der Befehlshaber jedoch rief auf Hebräisch, damit es alle Einwohner auf den Mauern hören konnten: „Hört nicht auf Hiskija, denn er führt euch in die Irre, wenn er sagt, Jahwe wird uns retten. Hat denn einer von den andern Göttern der anderen Völker sein Land vor dem König von Assur gerettet?" (2 Könige 18,32-33). Und daraufhin listete er die verschiedenen Städte und Königreiche, einschließlich Samaria, auf, die vom assyrischen Herrscher überrannt worden waren.

Ganz rechts: Die von Sanherib besiegte Stadt Lachisch.

Rechts: Ein sechseckiges Tondokument (bekannt als Taylors Prisma), das von Sanheribs acht Feldzügen (bis 691 v. Chr.) berichtet.

Hiskija war bestürzt. In Sackleinen gehüllt, ging er in den Tempel, um zu beten. Dann schickte ihm Jesaja eine prophetische Botschaft:

> „So spricht der Herr: Fürchte dich nicht, wegen der Worte, die du gehört hast und mit denen die Knechte des Königs von Assur mich verhöhnt haben. Seht, ich lege einen Geist in ihn, sodass er ein Gerücht hört und in sein Land zurückkehrt; dort bringe ich ihn durch das Schwert zu Fall. … Er wird nicht in diese Stadt eindringen. … Ich werde diese Stadt beschützen und retten, um meinetwillen und um meines Knechtes Davids willen“ (Jesaja 37,6-7.33-35).

Und so geschah es. Sanherib war von Nachrichten beunruhigt, die ägyptische Armee sei auf dem Weg. Und als seine Armee in der Nähe von Lachisch und Libna kampierte, erlitt sie eine verheerende Zahl an plötzlichen Todesfällen. So führt der assyrische König ein Rückzugsgefecht nach Hause und wurde einige Zeit später von zwei seiner Söhne bei einem Palastanschlag getötet.

Das Licht erlischt

Jerusalem hatte eine dramatische Gnadenfrist erfahren. Wenn sie auf diese unglaubliche Erlösung zurückschauten, begannen sich ihre Bewohner zu fragen, ob die mit David verbundene Stadt womöglich unverwundbar sei. Vielleicht würde der Gott Israels ihren Schutz *immer* garantieren? Doch diese so genannte Zions-Theologie hat von Jesajas prophetischen Nachfolgern wie Jeremia eine harsche Kritik erfahren. 80 Jahre später, im Jahre 623 v. Chr. wird Jeremia am Eingang des Tempels stehen und die eintretenden Beter davor warnen, ständig „der Tempel des Herrn!“ zu sagen, so als ob Gottes Gegenwart in seinem Tempel bedeutete, dass er niemals zerstört würde. Nein, Jahwe erwartete, dass sein Volk seine bösen und abgöttischen Praktiken ändern sollte. Der regierende König Joschija war bestrebt, eine Umkehr zu erreichen, doch die Menschen blieben offenkundig auf ihren schlechten Wegen. Dieses Haus, das Gottes Namen trug, war von ihnen missbraucht und schließlich in eine Räuberhöhle verwandelt worden.

Oben: Die „breite Mauer“, heute innerhalb Jerusalems Altstadt, die König Hiskija erbauen ließ, um die Assyrer abzuwehren.

So verkündete Jeremia feierlich: „Seht, mein Zorn und Grimm ergießt sich über diesen Ort …, er brennt und wird nicht erlöschen" (Jeremia 7,20). Jeremias Botschaft war äußerst unpopulär. 25 Jahre später wurde Jerusalem von den Truppen der neuen regionalen Großmacht Babylon erobert. Jerusalems König Jojachin wurde zusammen mit anderen führenden Persönlichkeiten in Fesseln nach Babylon geführt. Jeremia, der Prophet des Jüngsten Gerichts, erlebte, wie seine Worte wahr wurden, und fand sich im Exil in Ägypten wieder. Zehn Jahre später, im Jahr 587 v. Chr., sandte König Nebukadnezzar dann seine Armee, um die Stadt Jerusalem zu zerstören und den Tempel niederzubrennen.

So endet die Erzählung in 2 Könige an einer sehr traurigen Stätte. Davids Nachkomme, Jojachin, ist 37 Jahre nach der ersten Deportation immer noch im Babylonischen Exil, weit weg von Jerusalem. Es gibt keinen davidischen König in Jerusalem, Salomos Tempel liegt in Trümmern und die wenigen Bewohner, die in Juda verblieben sind, befinden sich unter heidnischer Herrschaft. Über das ganze Land hin besteht die Bevölkerung aus denjenigen, die von woanders her gekommen sind. Es scheint wahrhaftig so zu sein, als ob das Licht der Lampe, die zuerst in den Tagen Davids entzündet worden war, ausgelöscht worden sei.

Links: Die religiösen Reformen unter dem jungen König Joschija (641–609 v. Chr.) waren zum Teil von der Entdeckung einer alten Rolle in den Tempelarchiven inspiriert, die möglicherweise den Text des Buches Deuteronomium enthielt (siehe 2 Könige 22,8-20). Die Rolle hier, eine der Rollen, die 1947 in Qumran am Toten Meer entdeckt worden waren, geht auf das 1. Jahrhundert n. Chr. zurück.

Rechts: Der spektakuläre Tunnel, der auf Befehl König Hiskijas (727–698 v. Chr.) erbaut worden war, um das Trinkwasser von der Gihonquelle nach Jerusalem hineinzubringen. Er ist älter als der erwartete Angriff der Assyrer unter Sanherib im Jahre 701 v. Chr.

KAPITEL 3

FLÜCHTLINGE UND GRIECHEN (587–40 v. Chr.)

Ein müder Prophet schaut über die zerstörten Mauern und weint. Ein junger Priester befolgt die Anordnung, tagelang ohne Unterbrechung herumzuliegen. Musiker sitzen still da, ihre Harfen baumeln von den Bäumen in der Nähe. Alle drei ungewöhnlichen Bilder verweisen uns auf eine Situation völliger Gebrochenheit.

Die Zeit des Exils

Die Zerstörung Jerusalems war ein tiefes Trauma. Jahrhunderte der Hoffnung und des Glaubens gingen in Rauch auf. Nationale Bestrebungen und Träume von Unabhängigkeit wurden im Schutt begraben. Die Bevölkerung in der Stadt und seinem Hinterland sank von ca. 250 000 auf gerade 20 000, als die Menschen flohen, als sie woanders im Land hingingen oder nach Ägypten hinunter oder als sie mit ihren Anführern zwangsweise in Flüchtlingslager weit in den Osten an den Fluss Euphrat deportiert wurden. Ein großer Anteil von Juda kam unter die Kontrolle seiner historischen Feinde im Südosten, den Edomitern. Jerusalem, der Ort so großen Potenzials, war zu einer Ödnis geworden.

Weinen und Stille

„Weh, wie einsam sitzt da die einst so volkreiche Stadt. Einer Witwe wurde gleich die Große unter den Völkern. Die Fürstin über die Länder ist zur Fron erniedrigt." So beginnt das alttestamentliche Buch der Klagelieder. Fünf lange Kapitel, in denen der Autor, nach altjüdischer Tradition mit Jeremia identifiziert, Jerusalems Schicksal beweint. „Gewichen ist von der Tochter Zion all ihre Pracht ... All ihre Bewohner seufzen, verlangen nach Brot ... Herr, sieh doch und schau, wie sehr ich verachtet bin" (Klagelieder 1,1.6.11-12).

Inzwischen höhnten in den weit entfernten Flüchtlingscamps die babylonischen Beamten, obwohl sie die Exilierten in anderer Hinsicht vernünftig behandelten: „Singt uns Lieder vom Zion!" Aber sie weigerten sich: „Wie könnten wir singen die Lieder des Herrn, fern, auf fremder Erde?" (Psalm 137,3.4). Die Deportierten (etwa 4.500 Männer mit ihren Familien) waren die Elite der Bevölkerung: die politischen Führer, die herrschenden Familien und viele der Tempelpriester, der Beamten und Musiker.

Links: Ansicht von Petra, die Stadt, die der Dichter John Burgon als die „rosenrote Stadt, halb so alt als die Zeit" beschrieb. Petra war die uneinnehmbare Festung der Edomiter, Israels Feinden, die sich freuten, als Jerusalem fiel (Psalm 137,7).

Sie kannten die Noten, die sie singen sollten, doch der Gesang wollte ihnen nicht über die Lippen kommen, ihre Kehlen waren vor Kummer zugeschnürt.

Unter ihnen war ein junger Priester, Ezechiel, der eine beeindruckende Berufung zum Propheten erfuhr und einige seltsame Symbolhandlungen vollführen musste: z. B. ungewöhnliche Nahrungsmittel essen oder 40 Tage daliegen, um Gottes Gericht über Jerusalem für die 40 Jahre seiner Aufsässigkeit zu veranschaulichen.

Rechts: Mittelalterliche Darstellung von Hebräern, die Jerusalem beweinen.

Unten: Der Fluss Euphrat nahe Haditha im heutigen Irak.

Hoffnung in der Wüste

Sowohl Jeremia als auch Ezechiel war klar, dass das Exil mindestens eine Generation lang dauern würde. Sie machten keine Hoffnung auf eine unmittelbare Rückkehr und ermutigten die Flüchtlinge, sich niederzulassen. Doch beide hatten gewichtige Worte der Hoffnung auf lange Sicht. Bei Jeremia lesen wir:

> „Denn seht, es werden Tage kommen, da wende ich das Geschick meines Volkes Israel und Juda. Ich führe sie zurück in das Land, das ich ihren Vätern zum Besitz gegeben habe … Ich wende das Geschick der Zelte Jakobs, seiner Wohnstätten erbarme ich mich. Die Stadt soll auf ihrem Schutthügel aufgebaut werden … die Stadt wird wieder aufgebaut auf ihren Ruinen. Er, der Israel zerstreut hat, wird es auch sammeln" (30,3.18; 31,10).

Auch Ezechiel hatte in gleicher Weise eine dramatische Vision über die Nation Israels, die wie ein Feld menschlicher Knochen erschien. Dann hauchte sie Gott an und veranlasste so, dass die Leiber sich erneut zusammenfügten und wieder zu leben begannen. Ein dramatisches Zeichen der Auferweckungskraft, das Israels Wiederherstellung zum Land symbolisierte.

Diese Bilder und Prophezeiungen gaben dem Volk Hoffnung. Paradoxerweise brachten das auch die harten Gerichtsworte der Propheten zustande. Es wäre für die Exilierten leicht gewesen, ihren Glauben an ihren einzigen Gott aufzugeben. Alle Anzeichen schienen nahezulegen, dass er machtlos war. Es wäre bei Weitem einfacher gewesen, von der Kultur der umgebenden Nationen aufgenommen zu werden. Warum sollte man sich nach etwas anderem ausstrecken? Doch das geschah nicht. Warum? Die Antwort lag in diesen Gerichtsworten, die sie dazu befähigten, die Tragödie des Exils „nicht als den Widerspruch, sondern als die Rechtfertigung von Israels historischem Glauben" zu verstehen (J.B. Bright, A History of Israel, Westminster Press, Philadelphia 1981, S. 349).

So wurde Israels Glaube neu geboren. So wie die Nation einst unter Mose in die Wüste gezwungen worden war, so wurde sie jetzt, in der schmerzhaften Wüste des Exils, *re*formiert. Durch die Hitze der Wüste geläutert und gereinigt, fand das Volk in seinem Glauben den Samen zu seiner Erneuerung und den Strom der Hoffnung. Die Israeliten mochten sich wohl in der Wüste befinden, aber, so glaubten sie, verlassen waren sie nicht.

„Die Wüste und das trockene Land sollen sich freuen, die Steppe soll jubeln und blühen" (Jesaja 35,1). Eine solche Bildsprache wurde von den Propheten oft verwendet, um von Israels Wiederherstellung nach dem Exil zu sprechen.

Das Jahrhundert der Heimkehr (530–430 v. Chr.)

Imperien kommen und gehen. Über die ganze Zeit des Alten Testaments hin war die Macht Ägyptens ziemlich konstant. Aber im Norden und Osten des Landes gab es häufige Veränderungen: die Hetiter (ca. 1430–ca. 1180 v. Chr.) und Aramäer (ca. 1100–911 v. Chr.), gefolgt von den Assyrern (911–605 v. Chr.) und den Babyloniern (605–539 v. Chr.), die bald von den Medern und Persern (539–331 v. Chr.) abgelöst werden sollten.

Wechsel in der Regierung

Die babylonische Herrschaft war verhältnismäßig kurz. Nach dem Tod Nebukadnezzars im Jahre 562 v. Chr. begann das babylonische Reich auseinanderzufallen. Es gab eine rasche Abfolge von Königen (drei in 7 Jahren), gefolgt von Nabonid (556–539 v. Chr.), der seine Hauptstadt für 10 Jahre von Babylon weg verlegte. Inzwischen gewann Kyros II., ein Perser, die Kontrolle über das frühere Imperium der Meder und startete einen glänzenden Feldzug, im Laufe dessen sogar Sardis, nahe der Westküste der heutigen Türkei, zerstört wurde. Babylon war machtlos. Im Herbst des Jahres 539 v. Chr. betrat Kyros die Stadt im Triumph. Er kontrollierte ganz Westasien bis zur Grenze Ägyptens. Für die Autoren des Alten Testamentes jedoch war der Umstand entscheidend, dass Babylon, Israels großer Feind, gefallen war.

Darüber hinaus erließ Kyros in diesem ersten Jahr seiner Regierung ein Dekret, das es den Exilanten erlaubte, nach Hause zurückzukehren und den Tempel wieder aufzubauen (siehe Esra 1,2-4; 6,3-5). Das war Bestandteil einer umfassenderen Politik, die den unterworfenen Völkern einige kulturelle Besonderheiten erlaubte, auch wenn sie unter strenger offizieller Kontrolle standen. Doch es war eben auch eine bemerkenswerte Erfüllung der Worte von Israels Propheten (siehe S.54).

Die erste Rückkehr

Die erste Gruppe wurde von Scheschbazza angeführt, einem Mitglied von Judas königlicher Familie, eine andere kam bald danach unter seinem Neffen Serubbabel. Sie scheinen versucht zu haben, den Tempel neu aufzubauen, aber das Projekt kam bald zum Stillstand. Die versprochene Unterstützung aus dem persischen Schatzamt ist vielleicht niemals verwirklicht worden und die am Ort lebenden Menschen, einschließlich der Samaritaner im Norden, ärgerten sich über die Rückkehr der Exilanten. Während dieser frühen Jahre gewann Kyros' Nachfolger, Kambyses II., im Jahre 525 v. Chr. die Kontrolle über Ägypten, wurde dann aber von Darius auf dem Thron (522 v. Chr.) abgelöst. Dieser verbrachte die beiden kommenden Jahre damit, verschiedene Aufstände niederzuschlagen. Während dieser unsteten Periode drängten Propheten wie Haggai und Sacharja darauf, die Arbeit am Tempel wieder aufzunehmen. Das alarmierte die persischen Autoritäten, die daraufhin ihre Archive gegenprüften. Das Edikt des Kyros wurde aber als ordnungsgemäß befunden und von Darius bestätigt.

Der fertiggestellte Tempel wurde vier Jahre später im März 515 v. Chr. eingeweiht. Einige der Anwesenden brachen in Tränen aus, als sie seine geringe Größe sahen, ein Schatten seines früheren Selbst. Dieser Wiederaufbau war überall im Land eine Enttäuschung. Insbesondere Serubbabel wurde niemals König und der davidischen Dynastie wurde es nicht gestattet, die Verantwortung zu übernehmen. Stattdessen kam Jerusalem wohl unter die Regierung von Beamten in Samaria und die Samaritaner lehnten jede substanzielle Neuentwicklung Jerusalems vehement ab.

Oben: Die Überreste von Babylons alter Zikkurat (*im Hintergrund*), ein riesiger Bau, auf den Genesis 11 möglicherweise als dem Turm von Babel anspielt.

Links: Die samaritanische jährliche Paschafest-Zeremonie auf dem Berg Garizim. Es gibt heute ca. 750 Samaritaner. Sie stammen von denjenigen ab, die Samaria nach dem Exil der zehn Nordstämme im Jahr 722 v. Chr. besetzt hatten.

Unten: Ein Tonzylinder mit babylonischer Keilschrift mit dem Bericht von Kyros' Eroberung von Babylon im Jahre 539 v. Chr.

Neue Mauern, neues Gemeinwesen

Als andere Gruppen von Exilanten zurückkehrten, stieg allmählich die Zahl derjenigen, die in der Gegend von Jerusalem wohnten, und erreichte um die Mitte des 5. Jahrhunderts v. Chr. etwa 50 000. Dennoch waren die Umstände so, dass sie sich wie Sklaven in ihrem eigenen Land fühlten.

Um das Jahr 445 v. Chr. bat schließlich Nehemia, ein königlicher Mundschenk, König Artaxerxes I. (465-425 v. Chr.) mutig um die Erlaubnis, nach Jerusalem zurückzukehren, um die Mauern, die vor über 130 Jahren zerstört worden waren, wieder aufzubauen. Trotz der grimmigen Opposition der Samaritaner wurde das Projekt in 50 Tagen umgesetzt, eine bemerkenswerte Gemeinschaftsleistung.

Um dieselbe Zeit kehrte auch Esra zurück, um dem Jerusalemer Gemeinwesen eine stärkere rechtliche Basis zu geben. Er war ein Experte in der jüdischen Tora. Obwohl es seinen politischen Status verloren hatte, fand das Volk durch seine Führung eine neue Identität, geleitet von den eigenen unverwechselbaren Gesetzesregeln. Die Beachtung des Sabbats, die Beschneidung und die Speisevorschriften waren nun Aspekte des Gemeinschaftslebens, die im Zentrum des Gemeinwesens verankert waren, und die Israeliten von ihren Nachbarn abhoben.

Nun sollten sich all diejenigen im Land, die sich mit dem Tempelkult identifizierten, innerhalb des von Esra vorgegebenen gesetzlichen Rahmens bewegen. So kam es, 100 Jahre nach der ersten Rückkehr, zu einer für die Zukunft entscheidenten Entwicklung. Israel definierte sich nicht mehr über eine unabhängige politische Nation, sondern über die Beachtung von Gottes Gesetz.

Ganz rechts: Ausgrabungen am Ofel Grat legen weitere Überreste vom Jerusalem der Davidszeit frei. Viel später würde Nehemia die Mauern wieder aufbauen (Nehemia 3).

Rechts: Von Esras Zeit an wurden Torarollen ein zentrales Merkmal des jüdischen Lebens. Aus ihnen wurde jeden Sabbat öffentlich in den Synagogen vorgelesen.

Griechen und Römer

Für die kommenden 250 Jahre ist bemerkenswert wenig über das Heilige Land bekannt. Es war einfach ein schmaler, unbedeutender Teil der weitaus größeren Imperien, die sich über das Gebiet Westasiens ausdehnten: die Perser, dann die kurze Herrschaft Alexanders des Großen (336–323 v. Chr.) und dann die Zeit seiner Nachfolger, zuerst die Ptolemäer, die 301–198 v. Chr. von Ägypten aus herrschten, und schließlich die Seleukiden, die vom syrischen Antiochia aus regierten.

Im Land gab es ein Gemisch von Volksgruppen, die anfänglich alle aramäisch sprachen und dann begannen, das Griechische anzunehmen. Viele haben sich wohl selbst einfach als Bürger innerhalb dieser verschiedenen Imperien betrachtet. Verschiedene griechische Siedlungen, wie z. B. Skytopolis, wurden errichtet, die von Anfang an rein griechisch oder hellenistisch waren und einen durchdringenden Einfluss auf die umgebende Kultur hatten.

Neben diesen gab es die Samaritaner, die anfänglich um die Stadt Samaria zentriert waren, aber nach ihrem Aufstand gegen Alexander nach Sichem umsiedelten. Die jüdische Gemeinde zentrierte sich auf Jerusalem. Dieses jüdische Gemeinwesen war über diese Periode hinaus eine halbautonome Enklave, die dem Imperium Steuern entrichtete. Andererseits war es der jüdischen Gemeinde erlaubt worden, sich nach ihren eigenen Gesetzen zu regieren, wie sie seit den Tagen des Esra kodifiziert worden waren, und winzige Silbermünzen, mit „Juda" gezeichnet, herauszugeben. Einige haben weiterhin hebräisch gesprochen, sowohl im alltäglichen Leben als auch im Gebet. Insgesamt jedoch scheinen sie sich damit begnügt zu haben, den Lauf der Geschichte an sich vorübergehen zu lassen.

Unten: Das eindrucksvolle Theater von Bet-Schean, auch bekannt als Skytopolis, eine der zehn Städte der Dekapolis.

Ein herbes Erwachen

Diese stillen Wasser wurden jedoch alle in Aufruhr versetzt, als 198 v. Chr. Antiochus III. (223–187 v. Chr.) die ägyptische Armee in einer entscheidenden Schlacht bei Panium im äußersten Norden des Landes, nahe der Jordanquelle, schlug. Anfänglich sah diese Herrschaft verheißungsvoll aus: Antiochus der Große erließ eine Zeit lang die Steuern und erlaubte jedem jüdischen Flüchtling, nach Jerusalem heimzukehren. Doch innerhalb einer Generation erfuhren die Dinge eine dramatische Wendung zum Schlechteren hin. Antiochus IV. („Epiphanes"), der von der aufstrebenden Macht Rom bedroht wurde und unbedingt Geld benötigte, begann seinen Untertanen schwere Lasten aufzubürden und suchte nach Einkünften aus verschiedenen Tempeln, einschließlich des Jerusalemers. Um die politische Einheit zu stärken, trieb er auch die Anbetung des Zeus voran und, was noch schlimmer war, die Anbetung seiner selbst, als Zeus' menschlichem Repräsentanten.

Einige in Jerusalem waren gewillt, dem zu folgen. Josua, der Bruder des legitimen Hohepriesters Onias III., bestach Antiochus, um den Posten des Hohepriesters zu erhalten, und versprach, seine imperiale Politik in die Tat umzusetzen. Er nannte sich in Jason um und brachte es zustande, der Stadt einige hellenistische Charakteristika aufzuzwingen, einschließlich eines Gymnasiums für Sportbegeisterte. Dann riss ein Rivale, Menelaos, dessen Amt an sich und begann einen Teil des Tempelschatzes zu verkaufen. Jason marschierte daraufhin mit 1.000 Soldaten in Jerusalem ein und verübte ein Massaker.

Oben: Die Frischwasserquellen von Panium, jetzt Banias, fließen in den Jordan. Jahrhunderte später benannte Herodes Philippus die Stadt zur Ehre des heidnischen römischen Kaisers in Caesarea Philippi um.

Links: Es war unvermeidlich, dass hellenistische Statuen den Monotheismus der Juden und ihre moralischen Wertmaßstäbe herausforderten.

Antiochus, der von einem großen Sieg aus Ägypten zurückkehrte, setzte Menelaos sofort wieder in sein Amt ein und plünderte den Tempel.

Zwei Jahre später, im Jahr 167 v. Chr., sandte Antiochus eine große Streitmacht, um für eine Garnison die Festung Akra, ganz in der Nähe des Tempel, zu errichten. Was noch schlimmer war, er verbot die Tempelopfer, die Beachtung des Sabbats und die Beschneidung. Und dann, im Dezember, ließ er zu Ehren des Olympischen Zeus innerhalb des Tempels einen Altar errichten, auf dem Schweinefleisch geopfert werden sollte. Für praktizierende Juden war dies der letzte Tropfen, der das Fasss zum Überlaufen brachte, eine schreckliche und grausame Beleidigung, ein blasphemischer und arroganter Anschlag, in der Tat „ein unheilvoller Gräuel" (Daniel 9,27).

Widerstand und erfüllte Träume

Trotz starker Verfolgung begann der jüdische Widerstand zu wachsen. Eine Gruppe, welche die Chassidim, „die Treuen", genannt wurde, ging voran. Dann begann ein Mann namens Matthias einen Guerillakrieg nahe Lydda. Sein dritter Sohn, Judas, der Makkabäus, der „Hammer", genannt wurde, brachte die Dinge noch weiter voran, da er zwei Armeen schlug, die von Antiochus nach Palästina hinabgeschickt worden waren. Man muss dabei beachten, dass es während dieses besonderen Jahres 165 v. Chr. Antiochus' Hauptsorge war, die Parther an seiner Ostgrenze abzuwehren. Doch sandte er noch mehr Truppen los. Jedes Mal jedoch erwiesen sich diese Truppen in Schlachten sowohl bei Emmaus als auch ein Jahr später im Süden von Jerusalem dem Judas nicht gewachsen. So konnte Judas, genau drei Jahre auf den Monat seit der Entweihung des Tempels, triumphal in Jerusalem einreiten und den entweihten Tempel reinigen. Das Fest der Weihe (Chanukka) wurde natürlich mit großer Freude gefeiert.

So begann eine hundertjährige Periode, die nach Judas' Familiendynastie die hasmonäische Periode genannt wurde, in der das jüdische Gemeinwesen eine hart erkämpfte Unabhängigkeit genoss. Nun endlich, nach 400 Jahren, konnten sie die Luft der Freiheit atmen und sich des Landes freuen,

Oben: Riesige Statuen von Zeus und anderen Göttern waren ein wesentliches Zeichen heidnischer Tempel. Im Gegensatz dazu befand sich im Tempel von Jerusalem für den Gott Israels keine.

Rechts: Als Antwort auf die kompromissbereite Haltung der Hohepriester von Jerusalem gründeten einige fromme Juden eine alternative Gemeinschaft. In ihrer Hoffnung, dass Gott Israel wieder aufrichten wird, könnten sie von prophetischen Texten wie dem folgenden inspiriert worden sein: „Bahnt für den Herrn einen Weg durch die Wüste! Baut in der Steppe eine ebene Straße für unseren Gott!" (Jesaja 40,3). Ihre Niederlassung in Qumran, nahe des Toten Meeres, ist umstritten.

das ihren Vorvätern verheißen worden war. Nun konnte man berechtigterweise annehmen, dass das Exil wirklich zu Ende war.

Schließlich wurde auch etwas Expansion möglich. Obwohl die große Mehrheit der Juden, die in Gebiete außerhalb des Landes gezogen waren, weiterhin dort lebten, wo sie gerade waren, beschloss vermutlich eine stattliche Zahl von ihnen, wieder ins Land zurückzukehren. Dies ließ den jüdischen Bevölkerungsanteil ansteigen, so dass Teile des Landes, besonders in Galiläa und dem Gebiet der Dekapolis mit seinen zehn hellenistischen Städten, wieder jüdisch geprägt wurden. Zum Beispiel errichteten kleine Gruppen von Siedlern eine jüdische Präsenz in Nazaret …

Oben: Jüdische Töpferware aus der hasmonäischen Periode (165–67 v. Chr.)

Links: Als der Tempel von den Römern im Jahre 70 n. Chr. zerstört wurde, wurden wertvolle Manuskripte, inklusive des vollständigen Jesajatextes (ca. 100 v. Chr.) in den Höhlen von Qumran versteckt. Diese Rollen vom Toten Meer wurden 1947 wiederentdeckt.

Zerstörte Hoffnungen

Der Traum sollte jedoch zerstört werden. Eine neue Weltmacht expandierte von Westen her, schuf eine Seemacht und rüstete Armeen aus. Schließlich kam sie, um zu erobern. Der römische General Pompeius kam im Jahr 67 v. Chr. ins östliche Mittelmeer und brachte die ganze Region unter römische Herrschaft, die nun von Antiochia aus innerhalb der Provinz Syrien-Palästina verwaltet wurde. Er betrat tatsächlich den Tempel, aber er entweihte ihn nicht. Stattdessen war er verwundert, dass es in seinem Inneren keine Statue eines Gottes gab, und schloss daraus, dass die Juden „A-theisten" seien.

Obwohl die Schrecken der Sakrilege von Antiochus IV. sich nicht wiederholten, war für die Juden die Ankunft eines neuen Imperiums ein herber Schlag. Vielleicht wäre es besser gewesen, überhaupt nicht von der Unabhängigkeit geträumt zu haben, als nach einem Jahrhundert der Freiheit diese Hoffnungen so grausam zerstört zu sehen. Samen der Enttäuschung, des Widerstands und der Rebellion wurden gesät, Samen, die in den zukünftigen Generationen keimen würden.

Oben links: Büste des Pompejus (gestorben 48 v. Chr.), der mit Crassus und Julius Caesar das Römische Reich weiter nach Osten ausdehnte.

Oben rechts: Detail eines römischen Schiffes auf einem Steinrelief, das in Pompeji im Süden Italiens gefunden wurde.

Rechts: Der alternative Tempel der Samaritaner auf dem Berg Garizim, der im 4. Jh. v. Chr. erbaut, aber unter den Hasmonäern im Jahr 128 v. Chr. zerstört wurde. Viel später, im Jahr 484 n. Chr. hat der byzantinische Kaiser Zeno darin eine achteckige Kirche errichtet.

Stadt am Sandstrand: Herodes' neue Hauptstadt Caesarea Maritima

KAPITEL 4

DAS ENTSCHEIDENDE JAHRHUNDERT (40 v. Chr. – 70 n. Chr.)

Ein einsamer alter Mann, mit Verfolgungswahn in seiner Festung, verfügt Todesurteile über seine Untertanen und sogar seine eigene Familie. Ein junger General lässt 27 Jahre später Olivenbäume umhauen, um Belagerungsmaschinen um eine sterbende Stadt herum zu bauen. Und in der Zeit zwischen ihnen wird ein junger jüdischer Prophet aus Galiläa aus der Stadt geführt, weil er wegen Rebellion gegen Rom zum Tode verurteilt worden war …

Herodes der Große

Nun erreichen wir ein entscheidendes, Dreh- und Angelpunkt bildendes Jahrhundert im Leben des Heiligen Landes. Ein Jahrhundert, das sah, wie sich das Land bei all der Bewunderung für seine herausragenden Bauten unter dem Einfluss der römischen Kultur veränderte. Ein Jahrhundert, das an seinem Ende sah, wie diese Bauten durch die römischen Armeen zerstört wurden, als das jüdische Volk gegen diese eindringende Kultur revoltierte, die dabei war, ihre Träume von Unabhängigkeit zu zerstören.

Man kann dieses Jahrhundert am besten verstehen, wenn man sich auf drei Personen konzentriert: Herodes der Große, Titus und Jesus von Nazaret. Jeder von diesen ist, auf sehr unterschiedliche Weise, eine Schlüsselgestalt in der langen Geschichte des Heiligen Landes gewesen.

Wir können sowohl ihre Gegensätze als auch ihre Gemeinsamkeiten festhalten. Herodes war nur Halbjude, da er von idumäischer Abstammung war. Doch er machte sich zum „König der Juden" und brachte römische Werte ins Judentum. Titus war Römer von Geburt und wurde, nachdem er die Hauptstadt des Judentums im Jahre 70 n. Chr. zerstört hatte, römischer Kaiser, der als „Herr" über die bekannte Welt gepriesen wurde. In der Zwischenzeit wurde der Jude Jesus dafür gekreuzigt, dass er behauptet hatte, „König der Juden" zu sein. Aber dann wurde er von seinen Anhängern zum Herrn des Kosmos ausgerufen.

Herodes, geboren ca. 73 v. Chr., wurde im Jahr 47 v. Chr. von Julius Caesar zum Prokurator von Judäa ernannt. Drei Jahre später ging er aus einem erbitterten Kampf gegen seinen Rivalen aus der populären hasmonäischen Familie als Sieger hervor. So begann er eine lange Herrschaft als Marionettenkönig von Roms Gnaden. Er war äußerst unpopulär und antwortete darauf mit harter Hand, aber auch mit einer bemerkenswerten Baukampagne. Die verschiedenen Steine, die von Herodes´ Bauleuten herausgehauen wurden, begrüßen den heutigen Besucher des Heiligen Landes an jeder Ecke. Zu jener Zeit sollten sie ein klares Zeichen sein: Die Juden waren nun Untertanen innerhalb des römischen Imperiums.

Bauen mit einer Botschaft

Am deutlichsten sieht man das an seinem Bau einer komplett neuen Hafenstadt, die zur Ehre des römischen Kaisers („Caesar") herausfordernd Caesarea genannt wurde. Zuvor hatte er bereits Samaria zu Ehren des „anbetungswürdigen" Kaisers Sebaste benannt. Hier in Caesarea stellte er nun sicher, dass es einen Tempel gab, welcher der Verehrung des Kaisers Augustus gewidmet war.

Andere typisch römische Merkmale in dieser Hauptstadt am Meer sind ein Hippodrom und ein Theater. Die Menschen waren zwangsläufig beeindruckt: dadurch, dass Herodes in einem 11 Kilometer langen Aquädukt Frischwasser herbeischaffen ließ; durch sein unterirdisches Abwassersystem, das zweimal pro Tag durch die Flut den Unrat wegspülte; sowie dadurch, dass er die jüngste Entdeckung, Beton, der auf den Meeresgrund gegossen wurde, dazu benutzte, einen dreiseitigen Wellenbrecher zu bauen und Palästina auf diese Weise endlich mit einem sicheren Hafen versorgte. Doch diese Geschenke kamen mit einer Botschaft einher.

Dasselbe traf zu, als Herodes 19 v. Chr. damit begann, den Jerusalemer Tempel wieder aufzubauen. Wiederum waren seine Pläne phänomenal. Um die Umgrenzungen des Tempels zu vergrößern, wurde eine riesige Plattform errichtet. Dazu war es notwendig, massive Steinquader zu schneiden, zu umkleiden und dann in Position zu bringen. Einige, die man heute sieht, sind 12 Meter lang und wiegen über 80 000 Kilo. Sie befanden sich damals in 30 Meter Höhe. Besucher, die im ersten Jahrhundert nach Jerusalem kamen, wie Jesu Jünger aus dem ländlichen Galiläa, konnten nicht anders, als zu rufen: „Was für Steine und was für Bauten!"

Oben: Herodes' als uneinnehmbar geltender Palast, der am nördlichsten Punkt von Masada liegt, war auf zwei Ebenen erbaut, die mit einer inneren Treppe miteinander verbunden waren.

Links: Atemberaubende Ausblicke über das Mittelmeer hatten die Zuschauer in den hinteren Reihen von Caesareas Theater, das auf dem neuesten Stand der Technik war.

(siehe Markus 13,1). Alles war überaus beeindruckend. Doch religiöse Juden könnten sich gefragt haben, ob Herodes' Rekonstruktion ihres zentralen Heiligtums und nationalen Symbols, das dem Gott Israels geweiht war, von diesem heidnischen König verunreinigt worden war. Und vorausgesetzt, es gab eine lang gehegte jüdische Überzeugung, dass der Tempel seinen authentischsten Wiederaufbau (nach seiner Zerstörung im Jahre 587 v. Chr.) durch den Messias Israels, ihren „gesalbten König", erfahren würde, machte da Herodes nicht eine politische Aussage, die keineswegs willkommen

Herodes' erweitertes Tempelareal schuf einen riesigen „Vorhof der Heiden", der Ort, von dem Jesus später die Geldwechsler vertreiben würde (siehe Markus 11,15-17). Es gab verschiedene Eingänge zum Tempel, zu denen beeindruckende Treppen in der Südwestecke (*links*) gehörten. Die Festung Antonia schaute auf den Tempel und auf das Gebiet von Golgota (*rechts*) herab.

war? Nämlich: dass *er* die wahre Erfüllung dieser messianischen Hoffnungen, dass *er* der wahre König der Juden sei? Für seine Untertanen fühlte es sich allerdings mehr so an, als sei er König *über* die Juden.

Intrige und Verfolgungswahn

Der Widerstand gegen Herodes hielt vor allem in Galiläa an, wo sich Rebellen schließlich in den Höhlen des Berges Arbel (siehe S. 70–71) versteckten und durch Herodes' Soldaten nur ausgeräuchert werden konnten. Herodes war besessen davon zu erfahren, welche Meinung die Menschen von ihn hatten und wer sein möglicher Nachfolger sein könnte. Als Parteiungen innerhalb seiner Familie entstanden, ließ er einige Familienmitglieder ermorden. Aus strategischen Gründen heiratete er Mariamne aus der hasmonäischen Familie, ließ sie dann aber ebenfalls hinrichten. Josephus beschreibt Herodes' zunehmenden Verfolgungswahn gegenüber seinen Rivalen.

„Am Ende seiner Tage konnte Herodes niemanden in seiner Umgebung mehr trauen und verlangte von seinem Leibwächter, alle, die in seine Nähe kamen, nach Waffen zu durchsuchen, auch und besonders die Mitglieder seiner Familie" (Flavius Josephus, Antiquitates 18.25).

Herodes wurde von allen gehasst. Als er schließlich am 4. März des Jahres 4 v. Chr. starb, gab es sofort größere Aufstände, besonders in Galiläa, wo die jüdische Bevölkerung versuchte, die Römer hinauszuwerfen. Deshalb hatte Herodes während seiner ganzen Herrschaftszeit sichergestellt, dass er einige besonders sichere Verstecke besaß, etwa seine palastartigen Räume auf dem südlichen Grat von Masada (siehe S. 73) und seine „Bunkerfestung" (das Herodium) am Rande der Wüste, fünf Kilometer südöstlich von Betlehem. Errichtet auf der Kuppe eines natürlichen Berges, war sein Kegel im Falle eines Angriffes eine letzte sichere Zuflucht.

Am Ende starb Herodes in seinem Winterpalast in Jericho an natürlichen Ursachen, die Josephus in Antiquitates 17,6-8 mit makabren Worten beschreibt. Als er seinen Tod kommen sah, unternahm Herodes einen letzten Akt der Brutalität. Er ließ eine große Zahl führender Juden ins Gefängnis werfen und gab den Befehl, der glücklicherweise nicht ausgeführt wurde, sie sollten am Tag seines eigenen Todes umgebracht werden, in der Hoffnung, dass jedwede Freude unter den Juden, wenn sie von seinem Tod erfuhren, mit Tränen der Trauer vermischt sein würden.

Links: Die Wohnräume innerhalb der kegelförmigen Kuppel des Herodiums nahe Betlehem. Herodes eigenes Grab wurde vor Kurzem auf halbem Weg den Steilhang hinunter entdeckt.

Unten: Der Winterpalast des Herodes im Süden von Jericho.

Jesus von Nazaret

In den letzten Jahren seiner Herrschaft, als Herodes sich in seine Bunkerfestung auf dem Hügel unterhalb von Betlehem zurückgezogen hatte, wurde ein armer Junge am westlichen Rand von Betlehem geboren. Keine große Bedrohung für die machtvolle Herrschaft des Herodes, könnte man denken. Doch wenige Monate später wurden Herodes' Soldaten ins winzige Betlehem losgeschickt, um jeden Jungen unter zwei Jahren zu töten. Das Leben dieses kleinen Kindes musste im Keim erstickt werden.

Warum reagierte Herodes auf diese Weise? Einige seltsame Gerüchte, die zuerst von unwissenden Hirten in die Welt gesetzt wurden, könnten sein Ohr erreicht haben. Auf der anderen Seite wäre die Geburt des Kindes seiner Aufmerksamkeit wahrscheinlich entgangen, wenn da nicht die fremden Besucher aus Arabien gewesen wären, die Jerusalem mit ihren Fragen überhäuften und nach einem neugeborenen Kind als „dem König der Juden" suchten. Solch ein Rivale durfte nicht geduldet werden, sicherlich keiner, der in der gleichen Stadt geboren war wie König David, Israels großer Held der Vergangenheit. So also wurden die Soldaten ausgeschickt, jedoch ohne Erfolg. Das Kind, nach dem sie suchten, war nach Ägypten entkommen.

Unten: Die Felder unterhalb von Betlehem auf halbem Weg zwischen dem Dorf und dem Herodium. Die von Lukas beschriebenen Ereignisse mit den Hirten, denen Jesu Geburt verkündet wird, trugen sich möglicherweise im August zu, die einzige Zeit im Jahr, in der man es Schafen erlauben würde, in den vor Kurzem abgeernteten Feldern der Bauern zu weiden.

Ein bescheidenes Heim

So beginnt die Geschichte des Jesus von Nazaret, der trotz dieser unheilvollen Anfänge die Geschichte des Heiligen Landes mehr verändert haben mag als jeder andere. Nach Herodes' Tod kehrte Jesu Mutter Maria mit ihrem Mann Josef nach Nazaret, dem Dorf in Galiläa, zurück, wo sie aufgewachsen war. Und Jesus blieb, soweit wir wissen, die kommenden 30 Jahre dort, mit Ausnahme einiger Paschafestbesuche in Jerusalem. Nazaret hatte nur einige hundert Einwohner und lag abseits der üblichen Wege, da es von Hügeln umgeben war. Ein perfekter Ort also, um außerhalb des Rampenlichts zu leben. So könnte man wohl fragen, wie es einer von Jesu ersten Jüngern getan hat: „Kann denn aus Nazaret etwas Gutes kommen?" (Johannes 1,46).

Rechts: Natürliche Höhlen wurden oft als Stall genutzt, um Tiere warm zu halten. Eine verlässliche Tradition, die in das frühe 2. Jh. n. Chr. zurückgeht, bezeugt, dass Jesus in solch einer Höhle geboren wurde.

Unten: Ein Haus aus dem 1. Jh. n. Chr., das man vor Kurzem in den alten Terrassen von Nazaret rekonstruiert hat.

Bescheidene Ursprünge, eine Kindheit auf dem Land, ein Dorf in der tiefsten Provinz, völlige Unbekanntheit: dies sind kaum die erwarteten Voraussetzungen für ein Leben, das die Geschichte der Welt verändert hat. Um das Jahr 30 geht Jesus nach Kafarnaum, einer größeren Stadt an den Ufern des Sees von Galiläa und, was noch wichtiger ist, einer Stadt, die an der Hauptstraße vom Mittelmeer nach Damaskus liegt. Dort beginnt er seine Sendung, die im Laufe der Zeit mehr und mehr auch Nichtjuden einschloss.

Ein Messias in Galiläa?

Das Gebiet um den See, der zu jener Zeit auch als See von Gennesaret oder See von Tiberias bekannt war, kann an einem jungen Frühlingsmorgen idyllisch und ruhig ausgesehen haben. Zur Zeit Jesu war es voller Geschäftigkeit mit mehr als zehn Häfen, wo man Fischerei betrieb und in der fruchtbaren Ebene von Gennesaret das ganze Jahr über Früchte und Gemüse erntete. Es war aber auch ein Gebiet siedender Konflikte. Die galiläischen Juden mussten hohe Steuern entrichten und auch den kränkenden Anblick ihres

Unten: Die Synagoge aus weißem Kalkstein in Kafarnaum sticht gegenüber den kleinen Häusern in der Nähe heraus, die aus Blöcken von schwarzem Basalt gebaut waren. Die als Haus des Petrus vermutete Ruine wurde kürzlich mit einer achteckigen Kirche überbaut.

Rechts: Eine italienische Kirche, 1929 auf dem Berg der Seligpreisungen oberhalb von Kafarnaum erbaut, erinnert an Jesu Bergpredigt (Matthäus 5–7). Jesu Jünger segelten häufig an das andere Ufer des Sees, das von den Bergen der Golanhöhen geprägt wird.

verachteten Herrschers Herodes Antipas, einen Sohn von Herodes, ertragen. Er ließ eine römische Stadt zu Ehren des verhassten Kaisers Tiberius (14–37 n. Chr.) an den Ufern des Sees erbauen, die, was noch schlimmer war, über einem jüdischen Friedhof lag. Josephus, der jüdische Historiker, hält fest, dass die galiläischen Juden „von der Wiege an zu Kämpfern geboren waren" (Jüdischer Krieg 3,3). Galiläa war eine Brutstätte von Unruhe und glühendem Nationalismus. Es bedurfte nur eines Funkens und alles würde in Flammen aufgehen.

Genau in diesem Kontext, der weit davon entfernt war, friedlich zu sein, begann Jesus seine dreijährige Sendung in der Öffentlichkeit: „Das Reich Gottes ist nahe!" (Markus 1,15). Kein Wunder also, dass sich Menschen um ihn scharten. Sein Ruhm begann sich außerhalb des Landes nach Syrien und dem Libanon hinein zu verbreiten und erregte einiges Aufsehen seitens der religiösen Hierarchie in Jerusalem. Das war genau die Botschaft, auf die jüdische Nationalisten seit Jahrhunderten gewartet hatten. Jetzt endlich war Gott dabei, seinen rechtmäßigen Platz als König wieder einzuneh-

men! Bald würde die römische Herrschaft vor Jahwe, dem wahren Herrn der Welt, und vor seinem ernannten Herrscher, Israels lang erwarteten Messias, zusammenbrechen.

Doch was seltsam und enttäuschend war, Jesus schien dieses anti-römische Gefühl nicht zu teilen. „Selig, die Frieden stiften", rief er aus. „Die Sanftmütigen werden das Land erben ..." (Matthäus 5,5.9; Psalm 37,11). So waren die Menschen einerseits durch die Zeichen der Gottesherrschaft tief beindruckt, die sie in Jesu machtvollen Begegnungen – etwa der Überwindung von Krankheiten, dämonischer Besessenheit und sogar des Todes – sehen konnten. Andererseits waren Sie zusehends verwundert und wurden mehr und mehr desillusioniert von seiner unüblichen Auslegung des messianischen Auftrags. War er wirklich der Messias? Und wenn er es war, dann erfüllte er entschieden *nicht* die Rolle, die sie erwartet hatten. Bei einer Gelegenheit zum Beispiel, als er 5.000 Menschen mit fünf Laiben Brot und zwei Fischen gespeist hatte, waren sie so erstaunt, dass sie ihn zum König machen wollten. Doch Jesus war still in die Berge entwichen, um zu beten. Sein Messiasverständnis war eindeutig nicht das ihre.

Ganz rechts: Ein koloriertes Foto des Ölbergs aus dem 19. Jh. Zur Zeit Jesu führte die Straße von Jericho gerade hinter dem umzäunten Garten von Getsemani (*Zentrum*) herunter.

Rechts: Fischer auf dem See Gennesaret. Im Jahr 1986 wurde nicht weit von Magdala, einem Hauptzentrum zur Konservierung von Fisch, ein Boot aus dem 1. Jh. n. Chr. entdeckt.

Unten: Ein natürliches Amphitheater in der Nähe von Kafarnaum – fast an der Stelle, wo Jesus das Gleichnis von der Saat von einem Boot aus lehrte (Markus 4,1).

Reise nach Jerusalem

Im März brach er wie jedes Jahr nach Jerusalem zum Paschafest auf. Dieses sollte sein letztes werden. Die galiläischen Pilger reisten hinunter über Jericho und dann hinauf durch die judäische Wüste zu ihrer Heiligen Stadt. Jesus war am Beginn seines Wirkens in dieser Wüste gewesen, als sein eiserner Entschluss, Gottes Willen zu folgen, im Gebet hart geprüft und tief in seinem Herzen verankert wurde. Nun war der entscheidende Moment der Prüfung gekommen. Er wusste: Wenn er einmal über den Kamm des Ölbergs marschiert war, würden sich die Dinge zuspitzen.

Denn hier in Jerusalem konnte er seine messianischen Ansprüche nicht länger verbergen. Er würde die Stadt auf einem Esel reitend betreten – die Erfüllung einer alttestamentlichen Prophezeiung über Jerusalems wahren König. Doch würde ihn die Stadt als ihren König anerkennen? Er würde seine Autorität und sein Gericht gegenüber dem Tempel demonstrieren. Doch würden die Menschen begreifen, wer es wirklich war, der nun an diesem „heiligen Ort" gegenwärtig war? Er würde in den Höfen des Tempels lehren, dabei das Gleichnis von den Pächtern im Weinberg erzählen, die den Sohn des Besitzers umbrachten, sowie das Gleichnis von den unbotmäßigen Personen, die ihren rechtmäßigen König zurückwiesen. Doch wie würden sie darauf antworten?

Jesus betrat die Stadt. Wie vorherzusehen, empfingen ihn seine Freunde aus Galiläa wie einen Sieger. Doch inmitten der Feiern bricht er in Tränen aus und weint über die Stadt, welche die „Stunde des Kommens" nicht kennt. Die Stadt, sowohl ihre religiösen Führer als auch ihre weltlichen Autoritäten, wiesen diesen vermeintlichen Messias-Anwärter aus Galiläa ab. In ihren Augen könnten seine provozierenden Handlungen in alarmierender Weise den Pöbel in fiebrigen Aufruhr versetzen und, was noch schlimmer war,

seine messianischen Ansprüche wurden als offenkundig absurd, ja sogar als blasphemisch angesehen.

Er musste verschwinden. „Es ist besser für euch, wenn ein einziger Mensch für das Volk stirbt, als wenn das ganze Volk zugrunde geht“, meinte Kajaphas, der Hohepriester, spitzfindig (siehe Johannes 11,50).

Die Geschichte von Jesu letzten Stunden vor seinem Tod sind im Detail in den Passionserzählungen der vier Evangelien (Matthäus, Markus, Lukas und Johannes) festgehalten: sein letztes Abendmahl mit seinen Jüngern; sein Gang das Kidrontal hinauf in den abgeschlossenen Olivenhain von Getsemani, wo er verhaftet wurde; seine Rückführung in die Stadt, um vor Kajaphas und den jüdischen Rat, den Sanhedrin, gestellt zu werden; sein Auftreten vor dem römischen Prokurator Pontius Pilatus und schließlich, wie er vor die Stadt geführt wird, um zwischen zwei Dieben außerhalb der Stadtmauern gekreuzigt zu werden.

Seine Geschichte geht weiter

Damit hätte die Geschichte Jesu enden sollen. Jeder, der tot an einem römischen Kreuz endete, war als Messias klar gescheitert. Wie beeindruckend sein integres Lehren oder seine spirituelle Kraft auch gewesen sein mögen, in Jerusalem war er erbärmlich gescheitert. So gesehen hätte er niemals in unsere Geschichtsbücher gelangen dürfen.

Oben: Unter solchen Olivenbäumen betete Jesus unter dem Vollmond des Paschafestes und erwartete die frühen Morgenstunden, bis der Augenblick seiner Verhaftung gekommen war.

Doch er hat es geschafft. Der Grund hierfür ist für alle vier Evangelisten und der christlichen Gemeinschaft, die heute seine Nachfolger umfasst, dass seine Geschichte eben dort nicht endete. Drei Tage später, so glauben sie, war sein Grab leer und es gab eine Reihe von Erscheinungen in Jerusalem und Galiläa. Diese überzeugten sogar seine skeptischen Nachfolger davon, dass Gott ihn tatsächlich von den Toten auferweckt hatte.

Wenn das stimmt, dann wird die Auferweckung Jesu zu Recht als das bedeutendste Ereignis angesehen, das jemals im Heiligen Land stattgefunden hat, und in der Tat als das wahre und entscheidende in seiner jahrhundertelangen Geschichte.

Links: Jesus wurde auf der „Schädelstätte“, aramäisch Golgota, lateinisch calvarius, gekreuzigt. Dieses Felsengesicht, nördlich des Damaskustores in der Nähe des Gartengrabes gelegen, erinnert an einen Totenschädel. Der traditionelle Ort wird nun von der Grabeskirche geprägt (siehe S. 100–107)

Unten: Ein Grab aus dem ersten Jahrhundert mit seinem Rollstein.

Die frühe Kirche und der Fall Jerusalems

Die kommenden 40 Jahre gehören zu den am meisten dokumentierten in der langen Geschichte des Heiligen Landes. Die frühen Tage der christlichen Kirche werden in der Apostelgeschichte beschrieben, die von einem Schriftsteller namens Lukas in Rom ca. 60–62 n. Chr. verfasst wurde. Über die Ereignisse in der breiten jüdischen Bevölkerung, die in der Zerstörung Jerusalems gipfelt, schreibt der jüdische Historiker Josephus in Rom ca. 85–90 n. Chr. Beide wussten, dass es kritische Tage für das Heilige Land gab, Tage stetig wachsender Spannungen zwischen den Juden und den Römern. Beide jedoch betrachteten die Situation unter verschiedenen Blickwinkeln.

Lukas und Paulus: Abschied für Jerusalem

Lukas, der Begleiter des Paulus, war kein Jude und er besuchte Palästina nur einmal (57–59 n. Chr.) zusammen mit Paulus, einem ehemaligen jüdischen Rabbi, der nach Jerusalem zum internationalen Pfingstfest ging.

Paulus war eine kontroverse Gestalt und sein Besuch der Heiligen Stadt erwies sich von kurzer Dauer. Geboren in Tarsus, wurde er von seinen Eltern, möglicherweise Flüchtlingen aus Galiläa, die nach einem jüdischen Aufstand gefangen genommen worden waren, nach Jerusalem geschickt, um seine Ausbildung mit dem Studium der Tora bei Rabbi Gamaliël zu vervollständigen. Aber das, was er später als eine dramatische Begegnung mit dem auferstandenen Jesus beschrieb, machte ihn auf seinem Weg nach Damaskus vom Christenverfolger zu einem der Anführer der jungen christlichen Bewegung. Viel Zeit verbrachte er außerhalb des Landes, indem er christliche Gemeinden in Antiochia, Kleinasien und Griechenland mit aufbaute. Doch alle paar Jahre kehrte er nach Jerusalem zurück.

Dieses Mal, im Mai 57 n. Chr., hatte sein Besuch einen besonderen Anlass: Er brachte ein großes Geldgeschenk mit! Es sollte die Verbundenheit seiner vorherrschend heidenchristlichen Gemeinden gegenüber den armen Judenchristen in Jerusalem, die von Jesu jüngerem Bruder Jakobus geleitet wurden, zum Ausdruck bringen. Dennoch ist die Atmosphäre in Jerusalem sehr schlecht. Sie Spannungen zwischen den jüdischen Nationalisten und den römischen Autoritäten sind fast greifbar. Dazu hegt die örtliche Bevölkerung tiefes Misstrauen gegenüber dieser neuen messianischen Bewegung. Nicht zuletzt deswegen, weil sie ihrer Ansicht nach eine viel zu tolerante Haltung gegenüber den Heiden hatte, welche sich der Bewegung anschlossen, ohne beschnitten zu sein. Als Paulus dann in den Tempel ging, wurde er fälschlicherweise angeklagt, einen seiner heidnischen Konvertiten in den Innenhof, der nur den Juden vorbehalten war, mitgenommen zu haben. Ein Aufruhr entstand und Paulus' Leben blieb nur deshalb verschont, weil römische Soldaten rasch einschritten. Paulus hielt eine mutige Rede und legte auf den Stufen der Festung Antonia Zeugnis für Jesus ab (siehe S. 75). Wenige Tage später, nach verschiedenen Anschlägen auf sein Leben, wurde er des Nachts heimlich, von nicht weniger als 476 römischen Infanteristen und Berittenen, zur Provinzhauptstadt Caesarea hinabgebracht und dort zwei Jahre lang gefangen gehalten, bevor man ihn nach Rom schickte, damit sein Fall von Kaiser Nero gehört werde.

Lukas, einer dieser heidnischen Gefährten, überlebte und schrieb die Geschichten nieder. Doch dieser Besuch in Jerusalem hatte, wie man seinen Schriften entnehmen kann, Spuren hinterlassen. Er verbrachte wahrscheinlich die beiden nächsten Jahre in Palästina, um Nachforschungen anzustellen, die sowohl in seinem Evangelium als auch dem Folgebuch, in der Apostelgeschichte, mündeten. Beide Bücher erzählen von entscheidenden Reisen (von Jesus und von Paulus) nach Jerusalem, die mit ihrer Ablehnung durch die Stadt endeten. Die Apostelgeschichte zeigt, wie sich das Gravitationszentrum der jungen christlichen Bewegung nach seinen Anfängen in Jerusalem allmählich weiter bewegte: zuerst durch Samaria und Caesarea (Apostelgeschichte 8–10), dann aus dem Land hinaus, bis es schließlich Rom erreichte, das von Lukas symbolisch als „die Enden der Erde“ betrachtet wurde. Am Schluss der Apostelgeschichte ist Jerusalem in mehr als einem Punkt zurückgelassen worden.

Oben: Ein Ossuar, ein Behältnis, um menschliche Knochen aufzubewahren. Möglicherweise das von Jesu Bruder Jakobus, der 62 n. Chr. für seinen christlichen Glauben den Märtyrertod starb.

Links: Zwischen 30 und 70 n. Chr. expandierte Jerusalem nach Norden mit der neuen „dritten Mauer“, die vermutlich entlang der Linie der späteren türkischen Mauern verlief (*unten links*).

Rechts: Eine Steinplatte, die den heidnischen Besucher des Tempels bei Todesstrafe warnt, nicht weiter in den Hof Israels zu gehen.

Josephus: die letzten Tage

Die zunehmende Spannung, die einen Aufstand gegen Rom immer wahrscheinlicher machte, veranlasste auch andere, Jerusalem hinter sich zu lassen. Zehn Jahre nach Paulus´ Weggang spürte die ums Überleben kämpfende, isolierte christliche Gemeinde in Jerusalem, dass das Ende der Stadt nahe war und wanderte nach Norden. Sie nahm Zuflucht in Pella, einer Stadt in der Dekapolis. Jesus hatte die Zerstörung des Tempels deutlich vorhergesagt: „Kein Stein wird auf dem anderen bleiben" (Markus 13,2), und seinen Anhängern geraten in diesen Tagen der Katastrophe, „in die Berge zu fliehen" (Matthäus 24,16). Seine Anhänger fühlten, dass diese Tage jetzt gekommen waren.

Die römische Armee unter Vespasian belagerte Jerusalem schließlich im Jahre 67 n. Chr. Schon lange zuvor hatte es mehrere kritische Situationen gegeben. Im Jahr 35 n. Chr. wurde ein Aufstand der Samaritaner gegen Rom von Pontius Pilatus grausam niedergeschlagen. Dann versuchte Kaiser Caligula im Jahr 39 n. Chr. eine Statue von sich im Tempel aufstellen zu lassen, was nur abgewendet wurde, weil Caligula vorher starb. Dann gab es im Jahr 49 n. Chr., dem Jahr, in dem die christlichen Führer ein „Apostelkonzil" in der Stadt abhielten, um die Mitgliedschaft der Heiden in der Kirche zu diskutieren, ein schreckliches Massaker. Und in den 50er- und 60er-Jahren gab es dauernd Kämpfe zwischen rivalisierenden kriegerischen Parteiungen. Der letzte Auslöser war ein provozierender antijüdischer Akt in Caesarea. Er war eigentlich bedeutungslos, doch nach vielen Jahren stetig steigender Spannung brauchte es nur einen Funken, um den großen Brand zu entzünden.

Rechts: Gamla, von den Römern im Jahr 67 n. Chr. belagert. Sein Name kommt von seiner charakteristischen Silhouette (wie ein „Kamel").

Unten: Pella in den Hügeln von Transjordanien in der Nähe des Sees von Gennesaret, der neue Heimatort für die Jerusalemer Christen, die vor der römischen Belagerung geflohen waren.

Oben: Titus' Triumphbogen in Rom erinnert an seine Zerstörung von Jerusalem. Man beachte den siebenarmigen Leuchter (oder Menora) des Tempels.

Rechts: Blick nach Norden über Masada, der die riesige Rampe zeigt, die im Jahr 73 n. Chr. errichtet wurde, um die letzten jüdischen Zeloten zu besiegen.

Unten: Vespasian, der Jerusalems Belagerung in Gang gebracht hatte.

Josephus selbst war ein unternehmungslustiger junger Mann, der von der jüdischen Widerstandsbewegung sofort in Dienst genommen wurde. Später hat er aus erster Hand einige der schrecklichen Ereignisse zu Beginn des Aufstands beschrieben: die Belagerung der auf einer Bergspitze gelegenen Stadt Gamla und die Seeschlachten auf dem See von Gennesaret, die sein Wasser mit rotem Blut zurückließen.

An einem kritischen Punkt, nachdem er einen Pakt zum gegenseitigen Selbstmord überlebt hatte, lief Josephus auf die römische Seite über. Er wurde in Vespasians Vertrauen gezogen, was zweifellos durch seine vorsichtige Prophezeiung unterstützt wurde, Vespasian würde Kaiser werden. Das wurde wahr, als Vespasian im Jahr 69 n. Chr. nach Rom aufbrach. Die Aufgabe, Jerusalem zu zerstören, wurde so seinem Sohn Titus überlassen.

Josephus beschreibt mit anschaulichen Details diese letzten schrecklichen Tage der Belagerung in den Sommermonaten des Jahres 70 n. Chr.: den Hunger und sogar den Kannibalismus der Bewohner, den gegenseitigen Vernichtungskrieg unter den verschiedenen jüdischen Fraktionen. Schließlich wurde in diesem letzten Sommer der Tempel gestürmt, seine Steine hinabgeworfen und alle nahe gelegenen Häuser bis auf den Grund niedergebrannt. Nach den hundert entscheidenden Jahren in der Geschichte des Heiligen Landes lag Herodes' kaum vollendeter Tempel in Ruinen. Jesu prophetische Worte hatten sich als wahr erwiesen und die brutale Macht Roms unter Titus hatte triumphiert.

Stadt in Flammen: Die Zerstörung Jerusalems

KAPITEL 5

RÖMER UND BYZANTINER (70–630 n. Chr.)

Ein Gelehrter brütet über seinen Pergamenten in einer Bibliothek am Meer.
Eine ältere Frau aus Britannien gibt Anordnungen an Bauleute in Jerusalem.
Ein Mönch sitzt sechs Tage in der Woche allein in seiner Wüstenhöhle.
Pilger ziehen nach Mitternacht im Kerzenschein in Jerusalem ein.
Vier verschiedene Szenen im Land der byzantinischen Christen.

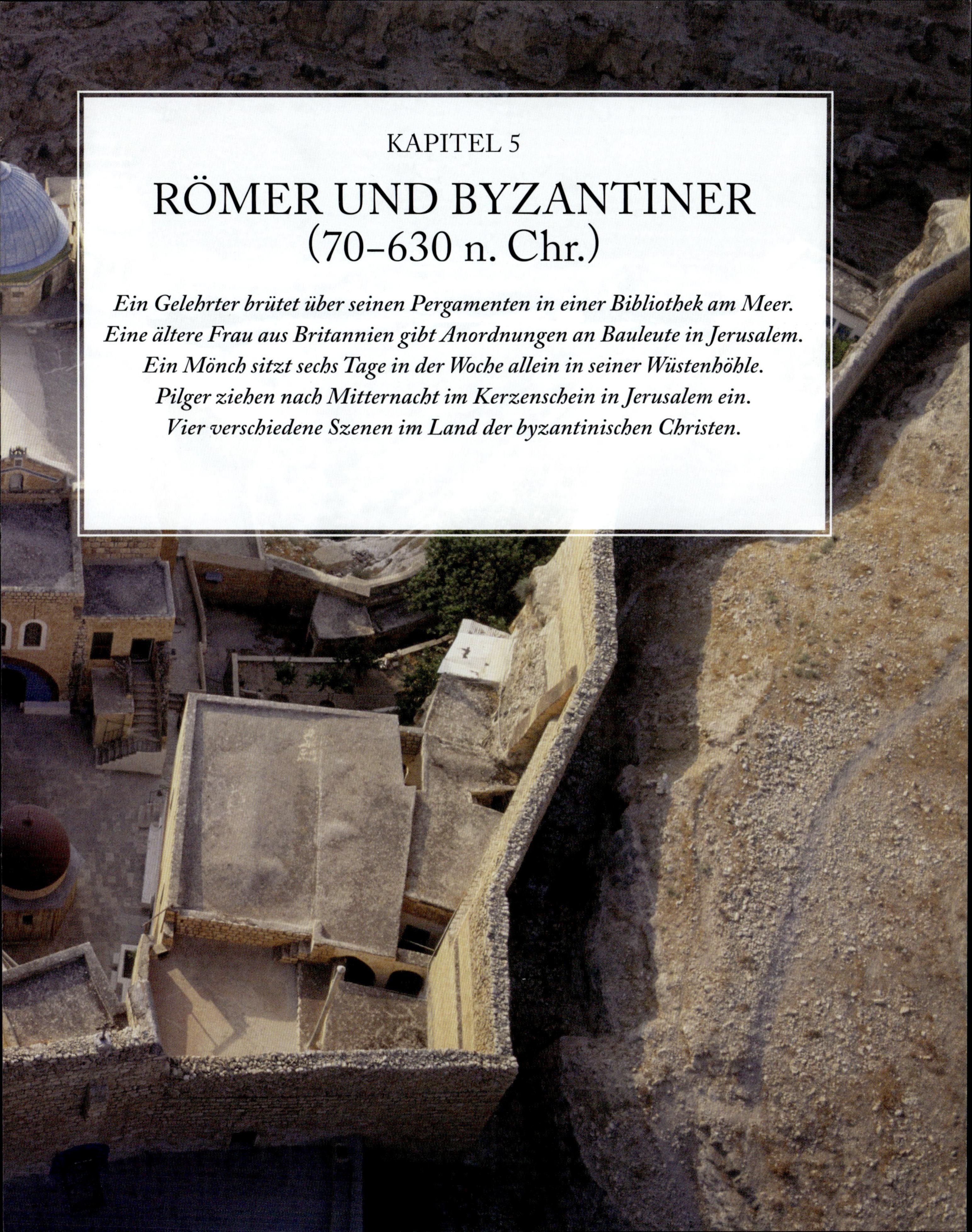

Die Nachwirkungen

Aus römischer Perspektive schien Jerusalems Zerstörung endgültig. Doch 60 Jahre später wiederholte sich die Geschichte. Obwohl sich einige im jüdischen Gemeinwesen an eine Welt ohne Tempel anpassten, fanden das viele von ihnen nicht hinnehmbar. Angeführt von einem Mann namens Simon Ben Kosiba, erhoben sie sich wiederum gegen Rom im sogenannten zweiten jüdischen Aufstand (132–135).

Simon war ein blendender Führer. Sein Name wurde in der Sprache des Volkes in „Bar Kochba", „Sternensohn", in Übereinstimmung mit einer Prophezeiung in Numeri 24,17 geändert. Ein berühmter Rabbi, genannt Akiba, erklärte sogar, dass dieser der lang erwartete Messias sei. Die Erwartungen waren hochgesteckt. Im „ersten" und „zweiten" Jahr der wiedergewonnenen Unabhängigkeit wurde eine neue Münze geprägt. Im dritten Jahr jedoch fanden sie ihren Meister im römischen Kaiser Hadrian (117–138).

Eine endgültige Antwort

Hadrian belagerte die Stadt und beschloss, nachdem er gesiegt hatte, Jerusalem völlig zu zerstören. Kein Same der Hoffnung sollte in den jüdischen Herzen zurückbleiben. So wies er einige Kilometer um die Stadt herum ein „Sperrgebiet" aus, das es den Juden unmöglich machen sollte, einen Anblick ihrer Stadt zu erhaschen. Er errichtete ein Armeelager und legte die benachbarte kleine Stadt auf einem völlig neuen Stadtplan an. Was noch schlimmer war, er gab dieser neuen Stadt nach seiner Familie und den Göttern auf Roms kapitolinischem Hügel auch einen neuen Namen: „Aelia Capitolina". So kam es, dass es von 135 an Jerusalem sowohl dem Namen nach als auch in der Realität nicht mehr gab, aus der Erinnerung getilgt, wie Hadrian hoffte.

Rechts: Der Zionsberg *im Vordergrund*, der Ort, wo sich Christen nach 135 versammelten, liegt nun außerhalb der Mauern von Aelia Capitolina, obwohl er in den Tagen Jesu innerhalb der Oberstadt gelegen war.

Unten: Der heidnische Tempel und das offene Forum, das Hadrian über der Stelle von Jesu Grab in der neugeschaffenen Stadt Aelia Capitolina errichten ließ, in der Darstellung eines Künstlers.

Unten: In Jerusalem geschlagene Münzen, die den zweiten jüdischen Aufstand anzeigen.

Das jüdische Gemeinwesen musste sich neu ordnen. Im Jahre 85 fand dazu eine wichtige Zusammenkunft in Jamnia statt, auf der die pharisäische Bewegung in den Vordergrund trat. Jetzt, nach 135, wurde dieses pharisäische oder „rabbinische" Judentum noch bestimmender, da es dem versprengten jüdischen Gemeinwesen auf der Grundlage des Studiums der Tora in den Synagogen wieder eine neue Identität gab.

In der Zwischenzeit verschob sich das geografische Zentrum des Judentums nach Norden in Städte wie Sepphoris und Tiberias. Diese ursprünglich heidnischen Städte wurden jetzt zu pulsierenden Zentren jüdischen Lebens und jüdischer Gelehrtheit. So kam es, dass um das Jahr 200 eine Sammlung jüdischer Traditionen, die Mischna, in Sepphoris geschaffen wurde. Einige Jahrhunderte später folgte ihr der in Tiberias hergestellte palästinensische Talmud. Für die nächsten 1.500 Jahre und darüber hinaus war die jüdische Gemeinde hauptsächlich hier um den See Gennesaret präsent.

Vergleichsweise arm

Juden und Christen waren jedoch innerhalb der Bevölkerung des Gebietes, das die Römer Syrien-Palästina nannten, eine kleine Minderheit. Nach den Verwüstungen von 70 und 135 kamen neue Gruppen von Menschen in das Land, auch Armeeveteranen und römische Kolonisten. Glücklicherweise gab es in dieser Periode wenige Bedrohungen aus dem Osten. Die Provinz als Ganze war jedoch ziemlich arm.

Unten: Zeichen heidnischer Kultur: ein Theater im antiken Tiberias.

Die einzige Ausnahme war die Provinzhauptstadt Caesarea Maritima. Einige Rabbis hatten den unausgesprochenen Kontrast -ja sogar die Rivalität- zwischen Jerusalem, der religiösen Stadt in den Bergen, und Caesarea, der weltlichen Stadt am Mittelmeer, gespürt. Nun, da Jerusalem nicht länger existierte, kam Caesarea zu seinem Recht.

Und genau hier begann die christliche Kirche einige kräftige Wurzeln zu schlagen. Spätestens um das Jahr 200 wurden ihre Bischöfe als „Metropoliten" anerkannt, mit Gerichtsbarkeit über ganz Palästina. Dort gab es auch eine wichtige christliche Bibliothek, die von einem regen Gelehrten namens Origenes (+ 253/54) aufgebaut worden war. Doch die christliche Gemeinde hat auch ihren Teil an den heftigen Verfolgungen erlitten, die von den römischen Kaisern angeordnet wurden. Eusebius, der dann Bischof von Caesarea wurde, hat ein ganzes Buch (Die Märtyrer Palästinas) geschrieben und die Scheußlichkeiten aufgelistet, die seine Zeitgenossen während der achtjährigen Verfolgung erlitten haben, die 303 unter Kaiser Diokletian angeordnet wurde.

So kam es, dass am Anfang des 4. Jhs. die Aussichten für Palästina als Ganzes und speziell für die christliche Gemeinde trübe aussahen. Wenige hätten damals erraten, was als Nächstes geschah …

Links: Ein schmales Tor, Teil eines größeren „dreifach Tores", das Hadrian errichten ließ, nun ganz an der linken Seite des Damaskustores gelegen.

Ganz unten: Eine kleine Höhlenkirche, die wenigstens vom 3. Jh. an verwendet wurde, um an Marias Heim in Nazaret zu erinnern. Nun unter der Verkündigungsbasilika gelegen.

Unten: Das Theater und andere Gebäude in Sepphoris, einer größeren Stadt im antiken Galiläa, nur 7 km von Nazaret entfernt.

Das konstantinische Jahrhundert (310–410 n. Chr.)

Im Jahr 325 änderte sich plötzlich alles. Jerusalem erfuhr eine gewaltige Aufwertung, die es der Ankunft eines neuen Kaisers im Osten verdankte – Konstantin.

Im Jahr 305 waren die römischen Kaiser Diokletian im Osten und Maximian im Westen zugunsten ihrer erwählten Nachfolger Galerius und Constantius zurückgetreten. Im nächsten Jahr starb Constantius während eines Feldzuges im nördlichen Britannien, was zu einem größeren Machtkampf führte. Schließlich ging Constantius' Sohn Konstantin im Westen als Sieger hervor. Während seines Feldzuges, in der Nacht vor der entscheidenden Schlacht an der milvischen Brücke, sah er ein Kreuz am Himmel und hörte die Worte: *„in hoc signo vinces“* („in diesem Zeichen wirst du siegen“).

Nachdem Konstantin gewonnen hatte und in der westlichen Hälfte des Reiches zu regieren begann, kamen die Verfolgungen der Christen (nun etwa 15 % der Bevölkerung des Imperiums) zum Stillstand. Stattdessen versuchte er, ihre Kräfte für seine eigenen Zwecke nutzbar zu machen. Als er seinen Rivalen Licinius in der Schlacht bei Adrianopel im Jahre 324 besiegt hatte, befand sich die östliche Hälfte des Imperiums, inklusive Palästina, unter der Herrschaft eines einzigen Kaisers, der sich der christlichen Sache annahm.

Unten: Kaiser Konstantin und seine Mutter Helena, die gemeinsam das Holz des Kreuzes halten.

Eine strategische Vision

Im folgenden Juli wurden die Bischöfe Palästinas (auch Eusebius von Caesarea und Macarius von Jerusalem) von Kaiser Konstantin zu einer prächtigen Konferenz nach Nizäa eingeladen.Nizäa liegt nicht weit entfernt von der neuen Kaiserstadt, dem „Neuen Rom“, das an der Stelle einer kleinen griechischen Kolonie, genannt Byzanz, erbaut worden war, nun in „Konstantinopel“ umbenannt. Umgeben vom Pomp des kaiserlichen Hofes, konnten sie sich mit dem Kaiser unterhalten und Träume vom noch nicht erschlossenen Potenzial eines „christlichen Palästinas“ träumen.

Denn vor 300 Jahren war diese Provinz Zeuge für das Leben eines einzigartigen Mannes, den diese Bischöfe nun als den Sohn Gottes und Herrn des Kosmos verehrten, einer Person, die einzig und allein in Palästina gelebt hatte. Was könnte passender sein, als dass Konstantin, der zum Herrscher des größten Teils der damals bekannten Welt aufgestiegen war, den Stätten, die mit dem König der Könige in Verbindung gebracht wurden, die Ehre erweist? Das war für einen römischen Kaiser angemessen, wenn er jemanden öffentlich rehabilitierte, der an ein römisches Kreuz geschlagen worden war. So begann das, was man Konstantins „Plan für das Heilige Land“ nannte: die Errichtung christlicher Basiliken (oder königlicher Gebäude) an einer Reihe von Stätten, die mit dem Leben Christi, so wie es in den Evangelien berichtet wurde, verbunden waren. Damit stellte Konstantin seinen Untertanen mächtige und einende Symbole der eigenen prächtigen Herrschaft vor Augen.

Rechts: Blick vom Eingang des Grabes Christi aus in die Grabeskirche, die Christen aus dem Osten als Auferstehungskirche bekannt ist.

Ein einzigartiger archäologischer Fund

Als Erstes galt es, den Ort von Jesu Tod und Auferstehung dem Vergessen zu entreißen. Konstantins Ausgräber zerschlugen einen heidnischen Altar, der während der Neuordnung der Stadt durch Hadrian im Jahr 135 über der möglichen Stelle errichtet worden war. Das war riskant. Was wäre, wenn die lokale christliche Erinnerung nicht stimmte? Was wäre, wenn es jetzt nichts zu finden gab?

Doch es gab etwas zu finden! Eusebius beschreibt in ausführlichen und schwärmerischen Worten den aufregenden Moment, als Arbeiter „entgegen all unseren Erwartungen das ehrwürdige und heilige Denkmal der Auferstehung unseres Herrn" entdeckten. Nachdem es „in Dunkelheit gelegen hatte, tauchte es wieder ans Licht empor" und bot so eine schlagende Parallele zu dem, was 300 Jahren zuvor mit Jesu eigenem Leib geschehen war: ein Begräbnis, gefolgt von einer Auferstehung (Das Leben des Konstantin 3,25). Diese riskante archäologische Ausgrabung, die in der antiken Welt nahezu einzigartig war, hatte den gesuchten begrabenen Schatz gefunden.

In der Nähe fanden die Ausgräber andere Gräber, die bestätigten, dass dies im 1. Jh. ein jüdischer Friedhof gewesen war. Jedoch identifizierten sie eines als das Grab Jesu, vermutlich, weil es zu den detaillierten Beschreibungen der Evangelien passte. Weiter gingen sie daran, den umgebenden natürlichen Felsen wegzuschlagen, um ihm so eine eigenständige Struktur zu geben. Verehrer konnten auf diese Weise um das Grab Jesu herumgehen und man konnte es so als das besondere Zentrum in einen großen Dom integrieren, der 20 Jahre später fertiggestellt und als die „Anastasis-" oder „Auferstehungskirche" bekannt wurde. In der Zwischenzeit errichteten sie im Osten einen Hof und eine große Basilika, die im September 335 schließlich eingeweiht wurde.

Eusebius beschreibt detailliert, wie Helena, die Königinmutter, kurz nach der Entdeckung des Grabes, zu Besuch kam. Sie gab den Auftrag zum Bau zweier weiterer Basiliken: die eine, die Geburtskirche in Betlehem, und die andere, die „Eleonabasilika" auf dem Ölberg. Bezeichnenderweise erwähnt er nicht das, was wir erwarten - die Entdeckung des Kreuzes. Gegen Ende des 4.Jhs. gab es im ganzen Kaiserreich häufig Gerüchte und Legenden, dass Helena durch wundersame Mittel ein Holz, das man bei den Ausgrabungen gefunden hatte, als das wahre Kreuz identifiziert hatte. Sehr wahrscheinlich war Eusebius diese Geschichte bekannt, aber er behielt Stillschweigen, weil er gegenüber der möglichen Echtheit eines Holzstückes, das man im Schutt gefunden hatte, skeptisch war. Für ihn lag der Fokus auf dem Grab, das alle Merkmale besaß, das ursprüngliche zu sein.

Jerusalem: wieder im Mittelpunkt

Jerusalem war erneut auf die Landkarte zurückgekehrt und die Besucher kamen zuhauf. Im Jahr 333 schrieb ein Mann aus Bordeaux einen kurzen Bericht über seine Reise. Und es gibt einen überschwänglichen Tagebuchbericht einer energiegeladenen spanischen Nonne, Egeria, die um 384 dorthin reiste. Einige kamen und blieben und gründeten Mönchsgemeinschaften auf dem Ölberg oder in Betlehem.

Rechts: Blick südwestwärts über die Grabeskirche, der das Ausmaß der ursprünglichen Kirche Konstantins zeigt: vom großen Dom (*im Zentrum*) zur engen Straße oder Durchgangsweg (*unten links*). Zu beachten sind auch das Minarett der Omar-Moschee und der Turm der lutherischen Erlöserkirche (*Mitte links*).

All das hatte massive Auswirkungen auf die christliche Gemeinde innerhalb Jerusalems. Bis zu diesem Zeitpunkt war sie sehr klein gewesen. In seiner früher, um 290 verfassten „Kirchengeschichte" sagt Eusebius, dass die Christen in Jerusalem eine Liste ihrer Bischöfe hatten, einige wichtige Archive unterhielten und als Schatz einen Stuhl besaßen, von dem sie behaupteten, er sei von Jakobus, ihrem ersten „Bischof", benutzt worden. Aber nun fanden sie sich im Epizentrum einer neuen christlichen Welt wieder. Aelia Capitolina gab es nicht mehr. Jerusalem war wiedergeboren worden, was Eusebius dazu veranlasste, es mit dem „Neuen Jerusalem" zu vergleichen, das in Offenbarung 21–22 prophezeit wurde.

Unter der schillernden Gestalt des Cyrill, der von 348 an Bischof von Jerusalem war, entwickelten sich die Dinge noch schneller. Als er in diesem Jahr seine Taufunterweisungen hielt, dachte er weiter über Jerusalems „Vorrangstellung" nach. Dies war die Stadt des Kreuzes und der Auferstehung, hier wurde die Eucharistie eingesetzt, die wiederum der absolute Mittelpunkt der Inkarnation war. „Andere können nur hören, aber hier können wir sehen und berühren." Er beschrieb mit Stolz, wie das „Holz des Kreuzes" sich von Jerusalem aus „in die ganze Welt verbreitet hatte" (Mystagogische Katechesen 14,26; 13,22; 10,19).

Cyrills Begeisterung für Jerusalem wird deutlich in seiner Ausprägung der „Heiligen Woche", einem achttägigen Fest von Palmsonntag bis zum Ostersonntag, an dem Jesu

Oben: Die Geburtskirche von Kaiser Justinian (527–565) neu gestaltet. Mosaikböden aus Konstantins früherer Basilika können von Besuchern unter den Falltüren besichtigt werden (*unten links*).

Links: Eine seltene Ansicht von Betlehem im Schnee mit Blick nach Westen über die Geburtskirche Richtung Krippenplatz.

Unten: Die armenische St.-Helena-Kapelle unter dem Boden innerhalb der Grabeskirche, die an die Entdeckung des „Kreuzes" in dieser oder einer nahe gelegenen Zisterne erinnert.

letzter Wege der Reihe nach und an ihren originalen Orten gedacht wird, mit Prozessionen hinaus nach Betanien, Gebeten bei Kerzenlicht in Getsemani und nächtlichen Wachen im Gebiet rund um Golgota. Das Feiern der Heiligen Woche in Cyrills Jerusalem sollte anstrengend, aber auch tief bewegend und inspirierend sein.

Und wenn die Menschen in ihr Heimatland zurückkehrten, fragten sie natürlich ihren Klerus vor Ort, ob das jetzt auch daheim eingerichtet werden könnte. So kam es, dass sich innerhalb der ersten hundert Jahre nach Konstantin die liturgische Gestaltung des christlichen Jahreskreises von Advent und Weihnachten bis Ostern und Pfingsten im Mittelmeerraum verbreitete. Ein weiteres Jerusalemer Vermächtnis für die übrige Welt.

Immer wenn christliche Besucher aus aller Welt ins Heilige Land kamen, wurde seitdem dieses Ritual regelmäßig wiederholt, um die Geschichte Jesu entweder an oder sehr nahe bei den Orten zu feiern, wo sich diese Dinge zuerst ereignet haben sollen. Die Angehörigen der historischen Konfessionen, Orthodoxe, Katholiken, Armenier, Kopten oder Äthiopier, verwenden noch heute die seit der Zeit Cyrills weitgehend unveränderten liturgischen Formen. Und wenn sie auch unterschiedliche Sprachen sprechen oder verschiedene Traditionen haben, so gibt es für sie alle etwas einzigartig Vereinendes, wenn sie zusammen in Jerusalem bekennen, was erstmals am ersten Ostertag genau außerhalb der Mauern der Stadt zu hören war: „Er ist nicht hier, er ist auferstanden!"

Rechts: „Christos anesti!" (Griechisch für: „Christ ist erstanden!"): der lang erwartete Moment am Karsamstag, wenn der griechische Patriarch das Osterfeuer am Eingang zum Grab Christi entzündet.

Ganz rechts: Blick von der in den 340er Jahren als erstes vollendeten Rotunde in die heilige Grabeskirche: Die betende Menge um die über dem Grab Christi erbaute *aedicula* (kleines Haus) erwartet das Erscheinen des Osterfeuers, einem beeindruckenden Symbol für die Auferstehung Jesu.

Die Herrschaft von Byzanz

Konstantin besuchte nie das Heilige Land. Trotzdem sagte er auf seinem Totenbett, er habe sich gewünscht, im Jordan getauft zu werden. Sein starkes Interesse an diesem Land hinterließ jedoch für die kommenden 300 Jahre ein fortwährendes Vermächtnis bis zur Ankunft des Islam und sogar darüber hinaus.

Jerusalem erfuhr ein Comeback und wurde ein internationales Zentrum der weltweiten christlichen Kirche. Seine Bevölkerung nahm zu mit den neuen christlichen Einwohnern, die zumeist griechisch sprachen. Unter ihnen gab es allerdings eine ziemlich große, von außerhalb des byzantinischen Kaiserreiches kommende Minderheit, zum Beispiel aus Syrien und Armenien, der ersten Nation, die den christlichen Glauben als seine offizielle Religion im Jahr 301 angenommen hatte.

Ein Bauboom

Die Stadt entwickelte sich rasch mit dem Bau neuer Straßen und Häuser. Nachdem die Grabeskirche vollendet war, kamen weitere Basiliken hinzu: eine außerhalb der Stadt auf dem Zionsberg, die an die Geschehnisse von Ostern erinnerte und die

Stelle markierte, wo die christliche Gemeinde während der Tage der „Aelia" gebetet hatte, die andere genau innerhalb der Mauern, die „Neue" Kirche, die der Jungfrau Maria geweiht war.

Das christliche Jerusalem erwies sich speziell für Frauen als anziehend. Zusätzlich zu der bereits erwähnten Helena und Egeria erfahren wir von anderen begeisterten weiblichen Besuchern, wie z. B. Paula und Eustochium, beides Freunde des Hieronymus, eines Mönchs in Betlehem, und von Nonnen, die auf dem Ölberg nahe der neuen „anmutigen Kirche" in Getsemani wohnten und an den liturgischen Feierlichkeiten der Stadt teilnahmen.

Ganz links: Ein großes Bodenmosaik in der Kirche von Madeba aus dem 6. Jh., welches das byzantinische Palästina darstellt.

Unten: Ein Balsaholzmodell des byzantinischen Jerusalem, mit Blick nach Süden vom Gebiet des heutigen Damaskustores aus, den Cardo Maximus entlang in Richtung der konstantinischen Grabeskirche (*im Detail oben*).

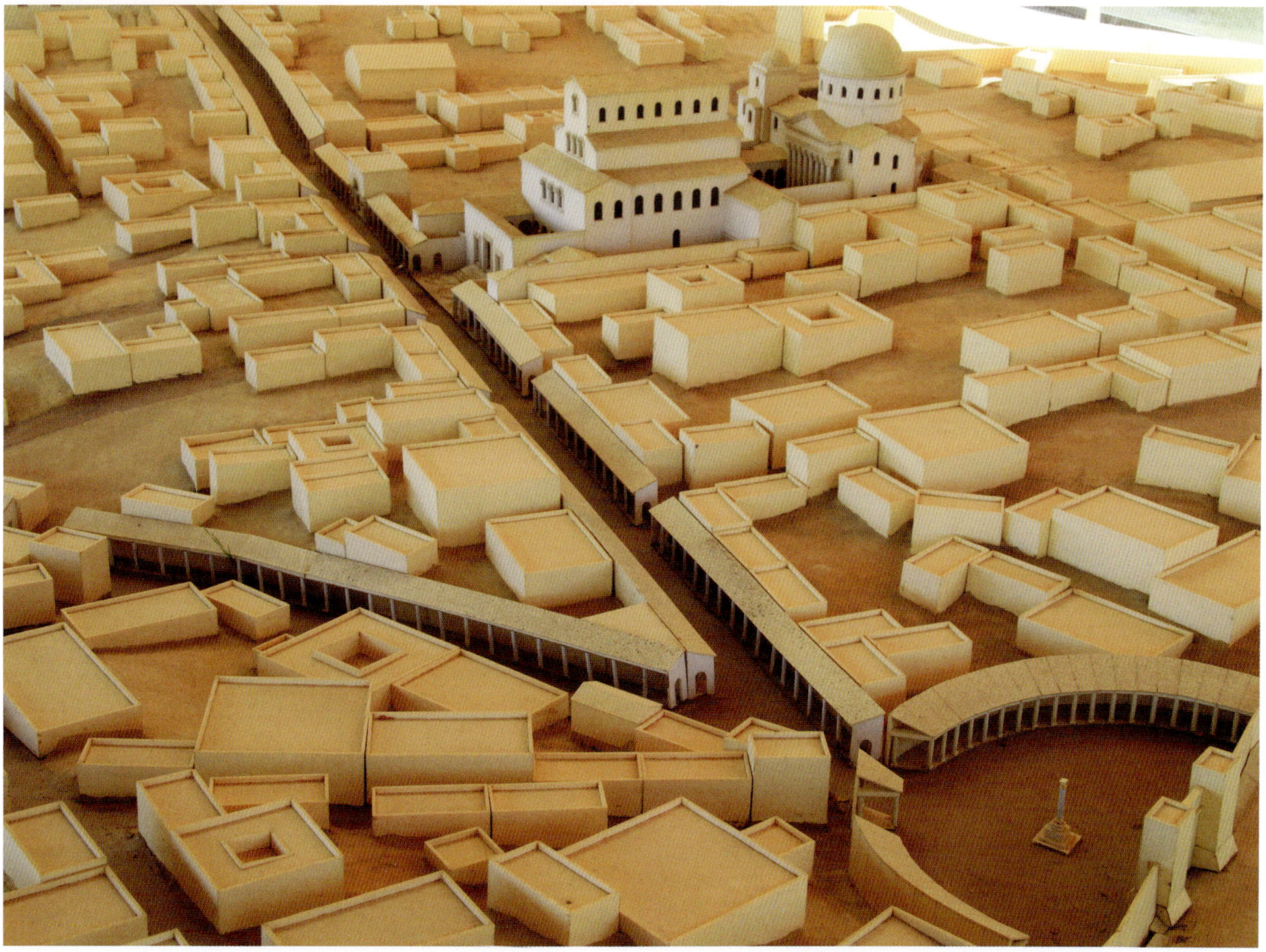

Einige Frauen gaben auch großzügig von ihren eigenen Mitteln ab, um diesen Bauboom zu unterstützen. Poemenia unterstützte den Bau eines kleinen achteckigen Bauwerkes ganz auf dem Gipfel des Ölbergs. Diese „Imbomon“ (Himmelfahrtskapelle) erinnerte an den Augenblick von Jesu Himmelfahrt, an welche zuvor in der konstantinischen Eleona-Kirche gedacht wurde. Sie war über einer Höhle, 50 Meter nach Süden gelegen, gebaut. Die Pilger sahen in dieser „Himmelfahrtshöhle“ einen nicht hilfreichen Widerspruch und waren deshalb sehr dankbar, als Poemenias kleines Gebäude nach dem späteren Wiederaufbau geschickterweise zum Himmel hin offen blieb. Für ihre Einbildungskraft war dies weitaus hilfreicher.

Im 5. Jh. wurden weitere Bauprojekte von der Kaiserin Eudokia, der Frau von Theodosius II., unterstützt, die Jerusalem im Jahr 438 besuchte und schließlich dort im Jahr 460 starb. Ihrer Patronage ist es zu verdanken, dass die Stadtmauern fertiggestellt wurden und die Fundamente für eine andere Basilika gelegt wurden, diesmal, um an den ersten christlichen Märtyrer Stephanus zu erinnern, der irgendwo außerhalb der Mauern gestorben war. Sehr wahrscheinlich, wie sie annahmen, im Gebiet nördlich des Damaskustores.

Oben: Das riesige Gelände von Herodes' Tempelplattform, welches die byzantinischen Christen mit Bedacht unbebaut ließen, als Zeugnis für Jesu Vorhersage von der Zerstörung des Tempels.

Pilger wollen Orte

Auch außerhalb Jerusalems tat sich etwas, da die christlichen Pilger zwangsläufig auch Galiläa besuchen wollten. Obwohl die Bevölkerung in diesem Gebiet vornehmlich jüdisch war, hatte der Judenchrist Joseph Konstantin um Erlaubnis gebeten, einige kleine Kirchen zu bauen, sowohl in Nazaret als auch in Kafarnaum, wo kleine Gruppen von Judenchristen seit dem 1. Jh. gelebt haben könnten. Trotz einiger Gegenwehr vor Ort war er erfolgreich.

Andere Orte waren bald identifiziert, wie Kana, das an Jesu Anwesenheit bei einer Hochzeitsfeier erinnerte, der Berg Tabor, wo sich Jesu Verklärung ereignete und Heptapegon oder „Sieben Quellen". Der zuletzt genannte Ort, der heute auf arabisch Tabgha heißt, lag am Seeufer, kurz bevor die Pilger Kafarnaum erreichten. An eine Reihe von Ereignissen aus dem Evangelium konnte man hier denken: an Jesu Bergpredigt, sein Zusammentreffen mit den Fischern, die seine Jünger wurden, und die wundersame Speisung der 5.000.

Rechts: Fünf Säulen von der zentralen Nord-Süd-Straße (Cardo Maximus) aus dem byzantinischen Jerusalem.

Unten: Bodenmosaik in der Synagoge in Bet-Alpha, das *im Vordergrund* zeigt, wie Abraham seinen Sohn Isaak opfern will (Genesis 22).

Viele dieser als Aufenthaltsorte Jesu identifizierten Orte stimmen nicht korrekt mit dem biblischen Befund überein. Die Speisung der 5.000 zum Beispiel wird von den Evangelisten beschrieben, als finde sie an einem „abgelegenen und verlassenen Ort“ statt, vermutlich in beträchtlicher Distanz sowohl zu Kafarnaum als auch zu Betsaida und deshalb möglicherweise an der entfernten, nordöstlichen Seite des Sees gelegen. Diese falschen Zuschreibungen hatten einige grundlegend praktische Gründe. Damals wie heute tendieren Pilger dazu, fest zu bestimmende Orte vagen Örtlichkeiten und bloßen Möglichkeiten vorzuziehen. Einige der ursprünglichen Orte waren auch schwer zu lokalisieren und lagen gewiss außerhalb der gängigen Wege. So kann zum Beispiel der Ort von Jesu Verklärung, wie Eusebius richtig vorschlug, weit im Norden des Landes gelegen haben, im Vorgebirge unterhalb des Hermongebirges. Für Bischof Cyrill jedoch war es einige Jahre später viel bequemer, dafür kategorisch den Berg Tabor, nahe Nazaret, zu bestimmen.

Das Bestreben der Pilger, Orte aus dem Evangelium ausfindig zu machen, hatte zur Folge, dass eine Vielzahl von Örtlichkeiten, die während dieser frühen byzantinischen Periode ausgesucht wurden, sogar wenn sie aus vernünftigen Gründen ausgewählt wurden, nur einen geringen Anspruch auf Authentizität haben. Im Gegensatz dazu sind diejenigen Orte, die *vor* dem Kommen Konstantins lokalisiert wurden, wie die Orte von Jesu Geburt und Begräbnis, sein Heim in Nazaret und das Haus des Petrus in Kafarnaum, möglicherweise authentischer. Darüber hinaus kann die Quelle in Sychar, wo Jesus mit der samaritanischen Frau sprach, was in Johannes 4 erzählt wird, mit Sicherheit aufgrund der Angaben in der Bibel lokalisiert wer-

Oben: Ein Mosaik aus dem 5. Jh. mit Broten und Fischen, das innerhalb der Benediktinerkirche von Tabgha erhalten ist und an Jesu Speisung der 5.000 erinnert.

Unten: Blick südöstlich über den Gipfel des Berges Tabor mit seiner modernen italienischen Kirche, die an die Verklärung Jesu erinnert.

den: Quellen wandern einfach nicht. Wenigstens hier weiß der christliche Besucher, dass „das X auf der Landkarte den genauen Punkt markiert"!

„Die Wüste, eine Stadt"

Das neuerwachte christliche Interesse am Heiligen Land brachte weitere Veränderungen. Bessere Straßen und Unterbringungsmöglichkeiten für Pilger waren nötig. Der Handel mit Reliquien begann zu blühen (oft in leicht bizarren Formen), als die Menschen wertvolle Andenken von ihrem Besuch mit nach Hause nehmen wollten. „Archäologen" haben viele kleine Töpfe zutage gefördert, die für diejenigen gemacht waren, die etwas Olivenöl oder sogar Erde mit nach Hause nehmen wollten.

Außerdem gab es die magnetische Anziehungskraft der Wüste. Den Spuren des Antonius folgend, der als erster Eremit in die ägyptische Wüste um das Jahr 280 gegangen war, sehnte sich ein beachtlicher Strom von Christen nach der Einsamkeit der judäischen Wüste, die Jesus zum Gebet aufgesucht hatte.

Der erste bekannte palästinische Mönch war Chariton, der um das Jahr 330 eine kleine Wüstengemeinde gründete. Andere wie Euthymius, Sabas und Theodosius folgten in späteren Generationen. Das Kloster, das mit St. Sabas in Zusammenhang gebracht wird (Mar Saba), gibt es bis in diese Tage (siehe S. 94–95). Während seiner Blütezeit im 6. Jh. mögen es wohl bis zu 30.000 Mönche in der Wüste östlich von Jerusalem und Betlehem gewesen sein. So wurde die Wüste, wie es in einem denkwürdigen Satz heißt, „selbst zur Stadt".

Es gab zwei grundlegende Typen klösterlicher Gemeinschaften: In der Ersten, dem *coenobium*, das von Pachomius 292–346 gegründet wurde, lebten die Mönche in einem kleinen burgähnlichen Gebäude zusammen. In der anderen, der *laura* (griechisch für „Weg"), lebten die Mönche in Höhlen-Zellen, die entlang eines Weges oder eines Pfades verliefen, und kamen am Sonntag zu Gebet und einem gemeinsamen Mahl zusammen. Darüber hinaus gab es auch die attraktive Möglichkeit, an den liturgischen Feierlichkeiten zu Weihnachten und Ostern in den nahegelegenen Städten der „Fleischwerdung" (Betlehem und Jerusalem) im Westen teilzunehmen.

Manchmal wurden diese Wüstenväter in die Kirchenpolitik, der sie zu entfliehen suchten, hineingezogen. In ihren Reihen gab es große Bestürzung, als Bischof Juvenal von Jerusalem, der am Konzil von Chalzedon teilnahm, um über die „zwei Naturen" Jesu zu diskutieren, sich eher mit den

Oben: Seit dem 5. Jh. krallt sich das Kloster von St. Georg von Koziba an die Wand des steilen Wadi Kelt in der judäischen Wüste, 2 km westlich von Jericho.

Orthodoxen zusammentat als mit jenen, die für „eine Natur" argumentierten, wie die Ägypter. So waren die Wüstenmönche nicht so beeindruckt, wie es Juvenal erhofft hatte, als er nach Jerusalem zurückkehrte, trotz des Umstandes, dass er Jerusalems Status als fünftes „Patriarchat" in der byzantinischen Kirche gesichert hatte.

Insgesamt waren das 5. und 6. Jh. eine ruhige und gedeihliche Zeit im Heiligen Land. Die hauptsächliche Unruhe wurde von den Samaritanern verursacht, die sich viermal gegen die byzantinische Herrschaft erhoben (484, 500, 529 und 555). Diese vergleichsweise lange Friedensperiode kam jedoch im frühen 7. Jh. zu einem plötzlichen Ende, als die Herrscher in Konstantinopel zwei sehr unterschiedlichen Völkern weichen mussten, die vom Osten her nach Palästina kamen: zuerst den Persern, dann den Muslimen. Für die Mönche in der Wüste und diejenigen, die in Jerusalem lebten, gehörten so diese friedlichen Tage, in denen sie spürten, dass Christus selbst über sein Land herrschte, bald der Vergangenheit an.

Oben: Sonnenuntergang über einer byzantinischen Kirche in Schifta, einer Stadt tief in der Wüste Negeb, 40 km südwestlich von Beerscheba, die zuerst von Nabatäern bevölkert war.

Rechts: Ansicht der im Jahr 2000 restaurierten Rotunde innerhalb der Grabeskirche. Sie befindet sich hoch über der 1810 restaurierten *aedicula*, die das Grab Christi bedeckt.

KAPITEL 6

MUSLIME UND KREUZFAHRER (630–1291 n. Chr.)

Ein Eroberer reitet auf einem Kamel in das Heilige Land. Ein anderer unterhält, am Ende des Tages einer wilden Schlacht, seinen geschlagenen Feind in seinem Zelt und bietet ihm eiskaltes Sorbet an. 50 Jahre nach einem Blutbad führt eine Frau eine Jubiläumsfeier an. Männer kämpfen bis zum letzten Blutstropfen, bevor sie in wenige wartende Schiffe fliehen …

Die Ankunft des Islam

Das Jahr 614 ist immer noch in Erinnerung. Nach einem unruhigen Waffenstillstand zwischen Byzanz und dem expandierenden sassanidischen Reich ließ König Chosroes II. seine persischen Truppen nach Palästina einmaschieren. Das war die Erste von zwei sehr unterschiedlichen Invasionen. Die Zweite, durch den Islam 20 Jahre später, war friedlich. Die der Perser war grausam.

Persische Schlächterei

Die Folgen einer zwanzigtägigen Belagerung Jerusalems, gefolgt von seiner Kapitulation, waren katastrophal: Klöster und Kirchen zerstört, Mönche umgebracht und Pilger auf der Flucht, Reliquien geraubt und in die persische Hauptstadt Ktesiphon gebracht. Das einzige Gebäude, das in etwa verschont worden war, war die Geburtskirche in Betlehem. Und das allein aus dem Grund, weil die persischen Soldaten von der persischen Kopfbedeckung der Magier, die in den Wandgemälden über ihrem Eingang abgebildet waren, beeindruckt waren. Die Soldaten waren marodierende Horden aus dem Osten und kümmerten sich wenig um die lange Geschichte des Landes.

Der byzantinische Kaiser Heraclius schlug in einem langen Feldzug zurück und es gelang ihm schließlich 628, die geraubte Reliquie des „wahren Kreuzes" nach Jerusalem zurückzubringen. An diesem 14. September, sein Jahrestag ist in Jerusalem immer noch ein Hauptfest, war die Freude groß. Aber sie sollte nur kurz anhalten. Über dem östlichen Horizont zeichnete sich eine zweite, noch stärkere Macht ab. Sie kam viel ruhiger als die Perser. Aber als sie dann gekommen war, blieb sie: der neue Glaube, der Islam.

Unten: Der ehemalige Tempelberg, im Islam als der Haram Esh-sharif bezeichnet („das vornehme Heiligtum") mit der Silberkuppel der Al-Aqsa-Moschee im Süden und der Goldkuppel über dem Felsendom in seinem Zentrum.

Eine zweite Invasion

Mohammeds mächtige Sendung als Prophet spielte sich in Arabien ab, zuerst in Medina und dann von 622 an in Mekka. Um den März 635 waren seine Anhänger, meist nomadische Stämme, nach Norden gekommen und hatten Damaskus belagert. Im Verlauf des kommenden Jahres brachten sie ganz Palästina unter ihre Kontrolle, außer den großen Städten Jerusalem und Caesarea. Schließlich kapitulierte 638 Jerusalem und Kalif Omar verlangte, auf einem Kamel und in einem Mantel von Kamelhaaren in die Stadt zu reiten. Der betagte christliche Patriarch Sophronius überzeugte ihn, seine Kleidung für diesen triumphalen Einzug zu ändern, und führte dann die notwendigen Verhandlungen mit dem neuen Eroberer. Innerhalb weniger Wochen jedoch starb er. Einige sagten, an gebrochenem Herzen, da er Zeuge wurde, wie Jerusalem innerhalb von 25 Jahren ein zweites Mal erobert wurde.

Einigen frühen Traditionen zufolge lehnte Kalif Omar Sophronius' Angebot, innerhalb der heiligen Grabkirche zu beten, ab, weil seine Anhänger darum bitten würden, an jedem Ort beten zu können, wo er, ihr Führer, gebetet hatte. Stattdessen betete er nach Süden, wo eine Moschee, die seinen Namen trägt, noch bis zum heutigen Tag steht (siehe S. 102–103).

Oben: Der Felsendom in der Dämmerung, mit dem Ölberg im Hintergrund.

Eine dritte „heilige Stadt"

Omar scheint kein größeres Bauprojekt in Jerusalem begonnen zu haben. In der Tat vermuten Wissenschaftler heute, dass Omar und die Kalifen, die auf ihn folgten, die potenzielle religiöse Bedeutung Jerusalems nicht besonders interessierte. Mohammed hatte Jerusalem anfangs tatsächlich als die erste *Qibla* (Gebetsrichtung) genannt, aber nach 13 Jahren (623/24) war das zugunsten Mekkas aufgegeben worden. Eine islamische Verehrung für Jerusalem scheint sich stattdessen 100 Jahre später (nach 725) entwickelt zu haben, als ausführliche Preisungen zur Ehre der Stadt niedergeschrieben wurden. Diese halten fest, dass „ein Gebet in Jerusalem tausend Gebete an anderer Stelle wert ist", und zeigen, dass die Stadt eine zentrale Rolle in den Geschehnissen am Ende der Zeiten spielen wird.

Dieser neue Fokus auf Jerusalem als Heilige Stadt kam dadurch zustande, dass für Muslime die zwei überaus beeindruckenden Gebäude, die an der Stelle des früheren jüdischen Tempels erbaut wurden, immer mehr an Bedeutung gewannen: der Felsendom, vollendet auf Befehl von Abd El-Malik im Jahr 691, und die Al-Aksa-Moschee, die bald nach dessen Tod im Jahr 705 begonnen wurde.

Oben: Reiche islamische Verzierungen innerhalb des Felsendoms.

Rechts: Der Felsen unter dem Dom ist der höchste Punkt auf dem früheren Tempelberg und markiert so möglicherweise den Ort des Allerheiligsten im salomonischen Tempel.

Unten: Das Innere der Al-Aksa-Moschee nach Süden hin.

Die byzantinischen Christen, die sich stattdessen auf einen anderen Berg im Westen, den Ort von Jesu Auferstehung, konzentrierten, hatten dieses große Areal bewusst unbebaut gelassen – eine beeindruckende Bestätigung von Jesu Vorhersagen über die bevorstehende Zerstörung des Tempels. Malik nutzte diesen offenkundig weißen Fleck innerhalb des Jerusalemer Stadtplans aus. Der Tempelberg und das Wohngebiet unmittelbar nach Süden hin waren ein idealer Platz, um ein eigenes islamisches Viertel innerhalb der Stadt zu erbauen. Und der Kontrast zwischen den zwei nahegelegenen Bergen sandte eine klare politische Botschaft aus: Wenn das Christentum gedacht hatte, es hätte das Judentum in den Hintergrund gedrängt, so würde nun der Islam das Christentum in den Hintergrund drängen.

Der Felsendom wurde, der Tradition gemäß, über dem Felsen (oder *sakhra*) erbaut, wo Abraham versucht hatte, seinen Sohn Isaak auf dem Berg Morija zu opfern. Inzwischen

ist *Al-Aksa* eine arabische Anspielung auf die „entfernteste Moschee“, eine Aussage aus einer Koransure, die von Mohammeds berühmter Nachtreise in den Himmel redet. Mit diesen Assoziationen haben die beiden Heiligtümer innerhalb des Islam einen ehrwürdigen Status. Das ganze Areal des früheren Tempelberges ist bekannt als *Haram Esh-Sharif* (das „ehrwürdige Heiligtum“). Obwohl Mekka die Richtung für das muslimische Gebet bleibt, diente dieses Heiligtum nun für über 1300 Jahre (nach Mekka und Medina) als der dritte überaus heilige Ort innerhalb des Islam. Kein Wunder also, dass im Arabischen von Jerusalem einfach als „der Heiligen“ (*al Quds*) gesprochen wird.

Siedende Spannung

Viele Mitglieder der muslimischen Bevölkerung waren noch nomadische Stammesleute. So wurde innerhalb der nächsten vier Jahrhunderte nur eine muslimische Stadt (Ramla) in Palästina gebaut. Darüber hinaus wurde die muslimische Herrschaft weit weg vom Heiligen Land ausgeübt: die omaijadische Dynastie in Damaskus (661–750), gefolgt von den Abassiden in Bagdad. Von den 870er Jahren an wurde die Kontrolle über Palästina zum Zankapfel zwischen ägyptischen und turkomanischen Herrschern. Während der nächsten 200 Jahre war das Gebiet erneut nichts anderes als eine Schachfigur in der Regionalpolitik, begleitet von vielen Umwälzungen.

Im 11. Jh. scheint die Bevölkerungszahl im Vergleich mit der byzantinischen Ära um etwa 30 % gesunken zu sein. Wahrscheinlich waren die Muslime nie in der Mehrheit, bedingt durch eine gleichbleibende samaritanische Minderheit, große jüdische Städte in Galiläa sowie Christen, die in den ländlichen Gebieten und in Jerusalem zahlreich waren. Manche schätzen, dass es während dieser Periode nur 20 Moscheen in Palästina gab im Vergleich

dazu jedoch über 60 Kirchen. Im Jahr 1093 beklagte sich ein muslimischer Besucher: „Das Land gehört den Christen, weil sie den Boden bebauen, ihre Klöster versorgen und ihre Kirchen erhalten."

Oben links: Seiten einer Koranabschrift aus dem 14. Jh.

Unten links: Ein Muslim auf dem Haram im Gebet nach Mekka hin.

Unten: Bis zu den jüngsten Einschränkungen zog das Freitagsgebet Tausende muslimischer Beter an.

Sowohl den Juden als auch den Christen als den „Menschen des Buches" wurde der Status der *dhimmi* (d. h. „geschützten Menschen") gewährt, aber das unter der Bedingung erhöhter Steuern und der Akzeptanz der muslimischen Herrschaft. Die meiste Zeit herrschte eine friedliche Koexistenz und Kooperation, besonders wenn es um den Handel ging. Aber die Dinge erfuhren im Jahr 1009 eine hässliche Wende.

In den zurückliegenden Jahren 937 und 966 hatte es einige Brandanschläge auf die Grabeskirche gegeben. Nun jedoch befahl ein Kalif in Ägypten (genannt Al-Hakim), sie vollständig zu zerstören: „Macht ihre Silhouette dem Horizont gleich." Sie zerstörten die Gebäude vollständig. Die riesige Grabeskirche war nur noch ein Schuttberg, die kleine *aedicula*, die das Grab Christi umgab, war zerschlagen. Die Kuppel darüber stürzte ein und begrub das Grab unter ihren Trümmern. Eine der prachtvollsten Kirchen der Christenheit, die dort seit 700 Jahren gestanden hatte, wurde in ein paar Tagen zerstört.

Christen überall auf dem Erdkreis waren über diesen barbarischen Akt entsetzt. Der Ort, der an das Zentrum ihres Glaubens erinnert hatte, war entweiht worden. Ein bescheidener Wiederaufbau war während der Herrschaft des byzantinischen Kaisers Konstantin IX. Monomachus ermöglicht worden. Wegen Geldmangel war dies jedoch eine armselige Angelegenheit. Nach einer Antwort, die finanziell

besser ausgestattet war, wurde sicher gefragt – nach irgendeiner gemeinsamen Anstrengung.

Und so entwickelte sich unter den Christen im westlichen Europa langsam die Auffassung, dass es nun an ihnen sei, in die Geschicke des Heiligen Landes einzugreifen. So sollte Palästina eine weitere Invasion von außen erleben, dieses Mal eine gewaltsame aus dem äußersten Westen.

Unten: Die kleine Moschee, die an Jesu Himmelfahrt auf dem Gipfel des Ölberges erinnert. Die Kreuzfahrer hatten sie entlang der Linien der Imbomon-Kapelle (siehe S. 110) aus dem 4. Jh. neu aufgebaut mit einer Rotunde, die zum Himmel hin offen ist. Saladin ließ nachträglich das Dach hinzufügen.

Das Jahrhundert der Kreuzzüge (1099–1184 n. Chr.)

Nun kommen wir ins Zeitalter der Kreuzzüge, eine Episode in der Geschichte des Heiligen Landes, die immer noch heftige Reaktionen hervorruft und ein andauerndes Vermächtnis hinterlassen hat. Die Erinnerung an die Kreuzzüge lebt weiter. Bei einigen nährt sie Verlegenheit, bei anderen aber Groll und die Befürchtung, dass westliches Interesse am Land seit jeher Gefahr läuft, nur alte Fehler zu wiederholen.

Blutbad in Jerusalem

Was immer die vielfältigen Gründe (ökonomisch, politisch oder spirituell) waren, welche die Kreuzfahrer bewogen haben, ihre europäischen Heimatländer zu verlassen, die Auswirkung auf das Heilige Land war dramatisch. Die Streitkräfte des ersten Kreuzzuges erreichten die Küsten Palästinas im Mai 1099. Die Bewohner von Ramla flohen, als die Soldaten nach Jerusalem drängten. Am 7. Juli sahen sie zum ersten Mal die Heiligen Stadt, als sie einige Kilometer nordwestlich über den Kamm eines Berges marschierten, den sie bald als „Berg der Freude“ bezeichneten. Es begann eine sechswöchige Belagerung. Jerusalem hatte innerhalb seiner Stadtmauern 20 000 Einwohner, die sich aus Muslimen und östlichen Christen zusammensetzten.

Rechts: Christus der *Panto-krator* („der All-schaffende Eine“) innerhalb der Kuppel über der griechisch-katholischen Sektion der Grabeskirche. Trotz des Schmuckes im griechischen Stil war der gesamte Aufbau das Werk der Kreuzfahrer (wieder geweiht im Jahr 1149).

Unten: Ruinen der Kreuzfahrer auf dem Berg der Freude mit Blick auf den Ölberg etwa 10 km südöstlich (erkennbar in weiter Ferne durch seine drei Türme).

Ο ΕΥΑΓΓΕΛΙΣΤΗΣ ΙΩΑΝΝΗΣ
Ο ΕΥΑΓΓΕΛΙΣΤΗΣ ΛΟΥΚΑΣ
Ο ΕΥΑΓΓΕΛΙΣΤΗΣ ΜΑΤΘΑΙΟΣ

Schließlich schlugen die Kreuzritter am Nachmittag des 15. Juli erfolgreich eine Bresche in die Stadtmauern und drangen in die engen Straßen ein, töteten alle, die sie erblickten, fest entschlossen, die heilige Grabeskirche zu erreichen. Als sie im Triumph eintraten, sangen sie eine alte christliche Hymne, die auf das 2. Jh. zurückgeht und als das *Te Deum* bekannt ist: „Wir danken dir, o Gott …“ Doch es war nichts anderes als ein Blutbad gewesen.

Befestigungen an der Küste und Burgen im Land

So begann die 88-jährige Zeit des lateinischen Königreiches, das über die Jahre hin von acht „Königen von Jerusalem“, von denen fünf Balduin hießen, und einer markanten Königin namens Melisande regiert wurde.

Einige Zeit vor dem Jahr 1099 wurde das Gebiet von Groß-Syrien, wie es ein Gelehrter beschreibt, „zu einer großen Kriegszone“, in der fast jede Stadt ihren eigenen muslimischen Herrscher hatte. Die neu angekommenen Kreuzfahrer nutzten den gegenseitigen Vernichtungskrieg voll aus und sicherten sich bald die Kontrolle über die Handelsstädte von Caesarea, Haifa, Akko und etwas später von Tyrus, Sidon und Beirut. Im Land selber waren die Dinge aber weniger klar.

Bald sahen die Kreuzfahrer ein, dass ihre anfängliche Politik, alle Bewohner umzubringen, weder nötig noch praktikabel war. Viele Bewohner waren sowieso orthodoxe Christen und die Kreuzfahrer hatten einfach nicht genug Personen, um das Land mit ihren fränkischen Landsleuten zu besiedeln. Es musste ein *modus vivendi* gefunden werden. Nach anfänglichem Banditentum behandelten sie die örtliche Landbevölkerung gut und erlaubten, die lokalen Formen des Handels und Gewerbes fortzusetzen. In der Zwischenzeit bevölkerten sie die Städte und begannen eine Reihe von Burgen über die Levante hin zu bauen, einschließlich Belvoir (1168 fertiggestellt) und Nimrod.

Massenhaft Bauprojekte

Auch bauten sie einige schöne Kirchen in ihrem eigenen westlichen Stil. Ihre erste Priorität war jedoch, die Situation um das Heilige Grab zu verbessern. Sie errichteten eine kleine Kirche im Osten des Grabes, die heute als *Catholicon* bekannt ist. Zwischenzeitlich hatte Balduin I. (1100–1118) seine ihm entfremdete Frau im Jahr 1104 in einen nahe gelegenen Konvent gebracht. Die Kapelle dieses Konvents wurde später von einer romanischen Basilika ersetzt, die der heiligen Anna gewidmet war.

Eine ähnliche Rekonstruktion fand über dem Platz auf dem Zionsberg statt, der mit dem letzten Abendmahl (*Coenaculum*) in Zusammenhang gebracht wird. Dann errichte-

Links: Griechisch-orthodoxe Kapelle von Golgota (oder Kalvarienberg), die sich auf der Felskuppe (unter Glas illuminiert) befindet. Diese erhebt sich innerhalb der Grabeskirche ca. 6 m über Grund.

Unten: Die romanische St.-Anna-Kirche, von den Kreuzrittern 1131–1138 errichtet, liegt geradewegs jenseits der byzantinischen Ruinen, die sich über dem Teich von Betesda befinden, der in Johannes 5,2 erwähnt wird.

ten um 1160 die armenischen Christen ihre eigene Kathedrale, die dem heiligen Jakobus geweiht war.

Die Schlüsselfigur bei diesem Bauunternehmen war die schillernde Königin Melisande, dic als Königingattin (1131–1143) Jerusalem regierte und dann während der Regentschaft ihres Sohnes Balduin III. (1143–1153) ebenfalls Mitregentin war. Ihr Ehemann, König Fulk, war ein großer Burgenbauer, aber auch Melisande hatte einen Blick für wichtige Projekte. Sie besaß einen exquisiten Kunstgeschmack. Das können wir zumindest anhand der überaus hohen Qualität der Arbeit im „Melisandes Psalter" sehen, der von ihrem Mann nach einigen Unbesonnenheiten als Liebesgabe in Auftrag gegeben worden war.

Sie stattete das Gebiet von Jerusalem reich mit christlichen Gebäuden aus. Sie verfügte den Bau eines Konvents für St. Lazarus bei Betanien und ordnete an, dass der muslimische Felsendom wieder für den christlichen Gottesdienst geweiht wurde, der als *Templum Domini* oder „der Tempel des Herrn“ bekannt sein sollte. Ebenso war sie wesentlich an den Zeremonien zur Neuwidmung der Grabeskirche beteiligt, die am 15. Jahrestag der ersten Ankunft der Kreuzfahrer durchgeführt wurden (15. Juli 1149).

Die Kreuzfahrer waren auch außerhalb Jerusalems emsige Bauherren. In Caesarea, Lydda und Hebron, wo sie auf Dinge stießen, die sie als die Relikte Abrahams und der anderen Patriarchen ansahen, wurden kleine Kirchen gebaut und in Nazaret eine große Kathedrale, mit drei Apsiden und sieben seitlichen Erkern. Neue Kapitelle wurden für die Säulen der Kirche Johannes des Täufers in Sebaste, dem alten Samaria, hergestellt. Und König Amalrich (1163–1174), der in Übereinstimmung mit dem byzantinischen Kaiser und Betlehems örtlichen Bischof arbeitete, renovierte die Geburtskirche in Betlehem atemberaubend schön. Er kombinierte östliche und westliche Stile auf eine Art und Weise, die im Heiligen Land einzigartig ist.

Oben rechts: Benediktinischer Gottesdienst in der von den Kreuzfahrern erbauten Kirche (in einem Gebiet, das jetzt als Abu Gosch bekannt ist), die mit Frescos geschmückt ist (ca. 1170), die an die Erscheinung des auferstandenen Christus in Emmaus erinnern (Lukas 24,13–35).

Unten rechts: Das „Obergemach“ auf dem Zionsberg, von den Franziskanern im Jahr 1335 neu aufgebaut mit typisch gotischen Bögen, in dem man Jesu letztem Abendmahl gedenken kann.

Unten: Das schmucklose Innere der St.-Anna-Kirche.

Beten und Schauen

Während dieses Jahrhunderts ließen sich zahlreiche klösterliche Gemeinschaften aus Westeuropa im Heiligen Land nieder. Auch sie halfen bei diesen Bauprojekten mit. Die Benediktiner bauten auf dem Berg Tabor, die Hospitalier bei Abu Gosch und die Karmeliter, was nicht überraschend ist, auf dem Berg Karmel. Inzwischen gewann die franziskanische Gemeinschaft das Privileg, „Hüter des Heiligen Landes" zu werden, indem sie die besondere Verantwortung dafür übernahmen, dass die Orte des Evangeliums als angemessene Plätze des Gebets instand gehalten werden. Das gilt bis heute.

Aber stille Orte des Gebets waren bald sehr schwer zu finden. Im Jahr 1169 brachte Nur al-Din, der Sultan von Damaskus, Ägypten unter seine stark muslimisch geprägte Herrschaft. Ihm folgte im Jahr 1174 sein Wesir, ein vornehmer Soldat, genannt Saladin oder Salaheddin. Das lateinische Königreich schaute besorgt auf die neue Situation und wartete auf die mögliche Reaktion der Muslime. Nun war es umzingelt und seine Tage waren gezählt.

Saladin und das Ende der Kreuzzüge

Samstag, 4. Juli 1187: Dieser Tag sollte sich als Schlüsseltag in der Geschichte des Heiligen Landes erweisen. Saladin führte auf seinem Feldzug eine Armee von etwa 30.000 Mann durch Galiläa auf dem Weg zur wichtigen Festung bei Tiberias.

In der Zwischenzeit waren die Truppen der Kreuzritter mit ihrem militärischen Hauptquartier in Akko unter dem Befehl ihres kürzlich gekrönten Königs, Guy von Lusignan, in der Region aktiv. Ein fortwährender „Zermürbungskrieg" zwischen den beiden Seiten fand statt und ein direktes Aufeinandertreffen war nur eine Frage der Zeit.

Unten rechts: Das Goldene Tor, das im Mittelalter versperrt war, um jeglichen messianischen Prätendenten daran zu hindern, in Jerusalem einzuziehen.

Unten: Die sogenannten „Hörner von Hattin", 3 km westlich von Tiberias, hoch über dem Arbel-Pass und dem See von Galiläa.

Angriff den Hügel hinunter

Obwohl Saladin von ihren Nachtquartieren und ihrer Wasserversorgung weit entfernt war, marschierten gegen guten Rat Guys Truppen ostwärts und erlitten erhebliche Verluste. Der König zog sich mit dem Rest der Truppe auf die Hörner des Hattin-Gipfels über Tiberias zurück. Die Kreuzritter schwitzten übermäßig in ihren Kettenpanzern und brauchten verzweifelt Wasser. Ausgedörrt und erschöpft kamen sie über den Kamm des Berges und konnten nun die muslimischen Streitkräfte auf den Hängen unterhalb sehen. Nun ging es um „alles oder nichts".

Guy befahl seiner erfahrenen Kavallerie, die feindlichen Kräfte den Hügel hinunter anzugreifen. Sie legten los, gewannen an Geschwindigkeit und im entscheidenden Moment traten Saladins Soldaten, anstatt zu schießen, zu beiden Seiten auseinander und ließen die Pferde der Kreuzritter den Hang hinab nach Tiberias galoppieren.

Nachdem die Hauptwaffe der Kreuzritter nun wirkungsvoll aus dem Feld genommen war, räumten Saladins berühmte Bogenschützen schnell auf. Guy wurde gefangen genommen und später an diesem Abend wurde ihm in Saladins Armeezelt ein eiskaltes Sorbet angeboten. Eine spöttische Geste eines Kriegsherrn aus dem Mittleren Osten gegenüber einem Westeuropäer. Ein subtiler Wink, dass Wasser der Schlüssel zum militärischen Erfolg ist.

Die letzten Zufluchtsorte

Diese vernichtende Niederlage bedeutete schließlich das Ende der Kreuzritter im Heiligen Land. Elf Wochen später belagerten Saladins Streitkräfte Jerusalem. Mit 60.000 Menschen, die hinter ihren Mauern zusammengepfercht waren, suchte Balian von Ibelin nach Friedensbedingungen, indem er einige harte „Verhandlungstaktiken" anwendete. Er drohte damit, den Felsendom zu zerstören und die muslimische Minderheit der Stadt umzubringen. Schließlich kam man nach 40 Tagen überein, dass die Kreuzritter, die genug Geld fanden, um ihr individuelles Lösegeld zu zahlen, freigelassen würden. Die Zurückbleibenden, am Ende um die 15.000, wurden gefangen genommen. Auf diese Art wurde der Felsendom, der von einem zeitgenössischen Berichterstatter als das „Juwel des Siegelrings des Islam" bezeichnet wurde, ordnungsgemäß seinem ursprünglichen muslimischen Besitzer zurückgegeben.

Saladin machte sich bald auf den Weg. Im August hatte er die Kreuzritter in Akko geschlagen, aber nicht in Tyrus. Nun, im November, hielt Tyrus noch immer aus. Als er die Truppen der Kreuzritter, die außerhalb von Akko lagerten, angriff, endete es mit einem Patt. Im nächsten Frühling hörte Saladin Gerüchte über einem weiteren Kreuzzug aus dem westlichen Europa. Offenkundig führte Friedrich Barbarossa eine Armee von 200.000 Mann durch Kleinasien ins Heilige Land. Am 8. Juni kam Richard Löwenherz von England mit 25 Schiffen in Akko an.

Für die Kreuzritter sahen die Dinge verheißungsvoll aus. Bis 1191 hatte Richard mit Philipp II. von Frankreich Akko zurückgewonnen, zusammen mit Tyrus und Jaffa. 1193 starb Saladin. Friedrich jedoch ertrank bei einem Unfall im Fluss Kydnos in Zilizien. Seine demoralisierten Truppen lösen sich schließlich auf. Die kommenden 100 Jahre beschränkte sich der Einfluss der Kreuzfahrer auf ihre wenigen letzten Zufluchtsorte entlang der Küste. Die Kontrolle über Jerusalem hatten sie nie wieder gewonnen.

Oben: Die so genannte „Zitadelle Davids“, ursprünglich der Ort des Palastes von Herodes dem Großen, viel später jedoch der Platz einer Kreuzritterfestung.

Rechts: Der Haupteingang der Kreuzritter zur Grabeskirche (von Süden).

Links: Franziskaner in der Kapelle über dem Kalvarienberg feiern den täglichen „Kreuzweg“.

Im Jahr 1260 schloss Friedrich II. mit dem Sultan einen Vertrag ab, der Christen den Zugang zu Jerusalem, Betlehem, Lydda und Nazaret gestattete. 20 Jahre später hatte Ludwig IX. einigen Erfolg bei der Invasion Ägyptens und dem Aufbau von Akko, Caesarea und Jaffa. In einigen ländlichen Gegenden befanden sich weiterhin einige fränkische Siedlungen. Insgesamt jedoch war die Präsenz der Kreuzritter sehr schwach. So lebte, typisch für diese Zeiten, der griechische Patriarch von Jerusalem während dieser Periode normalerweise in Akko, während sich die lateinischen „Könige von Jerusalem" sogar noch weiter entfernt in Zypern aufhielten. Das lateinische Königreich war nur noch eine Enklave an der Küste, die sich an die Ränder des Landes festklammerte.

Endgültige Abfahrt

Um das Jahr 1260 bedrohte die Möglichkeit einer mongolischen Invasion aus dem Fernen Osten noch zusätzlich die Region. Zum Glück für Palästina hielt sie die neu aufstrebende Macht der mamelukischen Herrschaft in Ägypten unter Sultan Baybars (1260–1277) fern. Baybars war auch sehr erfolgreich gegenüber den Kreuzrittern. Er zerstörte die kaum vollendete Kathedrale in Nazaret im Jahr 1263, bemächtigte sich einer guten Anzahl von Kreuzritterfestungen und brachte ihren Mittelmeerhandel zum Erliegen. Jahr um Jahr wurde das dürftige Territorium der Kreuzritter noch kleiner.

1291 schließlich war ihre letzte Bastion innerhalb des Heiligen Landes verloren. Nach Monaten erbitterten Kampfes fiel Akko am 28. Mai an die mamelukischen Streitkräfte. Obwohl sich die Kreuzritter nun anderen Projekten widmeten, war ihr ursprüngliches Ziel, wieder ein christliches Heiliges Land zu errichten, zu einem unrühmlichen Ende gekommen. So ließen die Kreuzritter die Küsten Palästinas hinter sich. In einem anderen Sinn jedoch ist der Schatten, den sie durch ihren Besuch warfen, nie verschwunden.

Rechts: Die Mauern der Kreuzritter in Caesarea mit den unter Wasser liegenden Umrissen von Herodes' Hafen.

Unten: Von Soldaten der Kreuzritter und Pilgern eingeritzte Kreuze auf den Steinmauern, die zur St.-Helena-Kapelle unterhalb der Grabeskirche führen.

Stadt der Zuflucht: Akko, die letzte Festung der Kreuzritter

David Roberts, April 9th 1839

KAPITEL 7

OTTOMANEN UND ABENDLÄNDER (1291–1948)

Ein Brite, gerade von einem Jahr mit arabischen Stämmen und ihren Feldzügen in der Wüste zurück. Ein jüdischer Geschäftsmann, der seine jüdischen Mitbrüder dazu ermutigt, Häuser außerhalb der Mauern Jerusalems zu bauen. Scharen von russisch-orthodoxen Pilgern oder Muslime aus verschiedenen Ländern, die nach Jerusalem kommen, um zu beten. Sie alle, einige als Touristen, andere als Bewohner auf Dauer, die einen aus religiösen Gründen, die anderen aus wirtschaftlichen oder politischen, sind dabei, im Heiligen Land zusammenzukommen, das sich als ein siedender Schmelztiegel von Nationalitäten, Religionen und Persönlichkeiten herausstellt. Nach fünf Jahrhunderten relativer Ruhe stürzt sich das Land einmal mehr in turbulente Gewässer …

Die Mameluken und Ottomanen

Nachdem die Kreuzritter 1291 abgezogen waren, war das Heilige Land vergleichsweise friedlich, zuerst unter mamelukischer Herrschaft von Ägypten aus, dann, über 200 Jahre später, unter ottomanischer Herrschaft von Konstantinopel aus, das von da an als Istanbul bekannt ist. Mehr als 500 Jahre vergingen ohne eine größere Invasion oder Katastrophe. Im Nachhinein gesehen war dies eine lange Ruhe vor einem größeren Sturm.

Das Heilige Land war stabil, weil die strittigen „Frontlinien" zwischen der islamischen Welt und seinen östlichen oder westlichen Nachbarn nicht länger durch Palästina verliefen. Besonders die Berührungslinie mit dem christlichen Europa wurde nun weiter im Westen gezogen – in Zypern oder später auf dem Balkan und Malta. Niemand stritt sich in politischer Hinsicht um das Heilige Land.

Das einzige größere politische Ereignis fand im Jahr 1517 statt. Nach einem Jahrhundert zunehmender Macht, im Laufe dessen sie sich 1453 Konstantinopel und 1460 Athen bemächtigt hatten, rangen die ottomanischen Türken den Mameluken die Macht ab und eroberten Ägypten und alle Länder des östlichen Mittelmeeres.

„Menschen unter Schutz"

Für das Heilige Land bedeutete das sehr wenig. Die Kontrolle lag immer noch klar in muslimischer Hand, obwohl die Herrscher nun weiter entfernt lebten und die Dinge durch lokale Beamte verwalteten. Für Jerusalem führte das unter Suleiman dem Prächtigen (1520–1566) zum Wiederaufbau der zerstörten Stadtmauern. Die Einwohner Jerusalems waren so für viele Jahrhunderte vor Angriffen geschützt.

Während dieser 500 Jahre also war die islamische Herrschaft das Gegebene. Sowohl jüdische als auch christliche Bewohner mussten diese Realität akzeptieren. Sie ließen sich nieder und lebten innerhalb dieses Status quo - obgleich als *dhimmis* oder „geschützte Menschen" mit einem geringeren politischen Status - , um friedlich in dem Land zu leben, deren Geschichte so viel für sie bedeutete.

Es gab eine blühende jüdische Bevölkerung in Galiläa. Sowohl Tiberias als auch Safed wurden als jüdische „heilige Städte" betrachtet (zusammen mit Jerusalem und Hebron). Der große jüdische Philosoph und Tora-Gelehrte Maimonides bat darum, dass sein Körper nach seinem Tod (1204) von Ägypten nach Tiberias gebracht werden sollte. Und vom 16. Jh. an wurde Safed das führende Zentrum für die jüdische Mystik, die als Kabbala bekannt ist.

Rechts: Ein Blick aus der Vogelperspektive auf die Altstadt von Jerusalem mit dem Ölberg im Osten (*links*). Ihr muslimisches Viertel liegt im Norden, das christliche und armenische Viertel im Westen (*rechts Mitte und oben*) und das jüdische Viertel im Südosten.

Unten: Traditionelle Bekleidung, wie sie von einem ottomanischen Beamten getragen wurde.

Inzwischen waren christliche Dörfer und Städte über das Land hin verstreut. Diese Christen führten ihre Herkunft auf die orthodoxen Christen zurück, die vor der Ankunft des Islam im Land gelebt hatten. Sie verwenden nach wie vor die griechisch-byzantinische Liturgie in ihrem Gottesdienst, obwohl sie im Alltag arabisch sprachen. Viele lebten in der Nähe von Jerusalem mit Vertretern anderer „östlicher" Zweige der christlichen Familie zusammen, wie Armeniern, Syrern, Kopten und Äthiopiern.

Dazu kamen „westliche" Christen (in Gemeinschaft mit dem Papst in Rom), vornehmlich „lateinische (oder römische) Katholiken", und „griechische Katholiken" (auch bekannt als Maroniten). Ein schmaler Pilgerstrom kam immer noch aus dem Westen, jedoch sehr wenige Mitglieder der neuen protestantischen Konfessionen, die im Zuge der Reformation entstanden waren. Die historischen Stätten wurden von den Franziskanern erhalten. Jedoch blockierten im Großen und Ganzen die muslimischen Autoritäten jede

größere Sanierung dieser Stätten. So gelang es den Franziskanern, zum Beispiel die Ruinen der Kathedrale von Nazaret 1620 zurückzukaufen, aber erst 1730 konnten sie einen bescheidenen Neuaufbau wagen.

Wenn die Zeit vergeht …

Während der ganzen Jahrhunderte der ottomanischen Herrschaft wurden keine neuen Städte gebaut. Die Formen des städtischen und ländlichen Lebens wurden ohne Veränderung an die nächste Generation weitergegeben und Traditionen gruben sich tief ein. Als im frühen 19. Jahrhundert Westeuropäer begannen, in das Land zurückzukehren, fanden sie es malerisch. Die Zeit schien jahrhundertelang stillgestanden zu haben. Doch plötzlich begann die Uhr zu ticken – schneller und noch schneller. Die zeitlose Idylle der vor-modernen Welt des Heiligen Landes bekam Risse.

Oben: Eine alltägliche Marktszene aus dem ottomanischen Jerusalem genau innerhalb des Damaskustores, aufgenommen im März 1914.

Links: Das Heilige Land befand sich unter der Kontrolle der Ottomanen, die weit weg in Istanbul lebten. Hier empfängt Sultan Selim III. Gäste in Istanbuls Topkapi-Palast.

Das Jahrhundert der Rückkehr (1820–1917)

Diese ruhige Atmosphäre wurde im 19. Jahrhundert heftig gestört. Angefangen von Napoleons kurzem Besuch im Jahr 1799 bis hin zu Kaiser Wilhelms II. großem Einzug im Jahr 1898 faszinierte die Menschen im Westen das Heilige Land immer mehr. Und dies aus religiösen wie aus politischen Gründen.

Etwa vom Jahr 1820 an kamen unzählige Gruppen von Menschen mit widerstreitenden Interessen in das Heilige Land: Archäologen oder Historiker, die ihre Augen auf die Vergangenheit richteten; religiöse Idealisten, die von „prophetischer“ Hoffnung inspiriert waren; und viele Flüchtlinge oder Siedler, die einfach nur in der Gegenwart überleben wollten, um friedlich an einem Ort zu leben, den sie als ihre „Heimat“ ersehnt hatten.

Jerusalem selbst wurde verändert. Im Jahr 1800 war es nur „eine Provinzstadt mit wenig Einfluss“, doch um 1900 war es bereits ein „aufstrebendes kulturelles und spirituelles Zentrum geworden, das Menschen aus der ganzen Welt anzog“ (Y. Ben Arieh, Jeruslem in the 19th Century: The old City, Ben Zivi, Jerusalem 1984, S. 400). Aber diese Expansion hatte ihren Preis und das bedeutete: Die Wahrscheinlichkeit, dass es irgendwann zum Konflikt und Zusammenstoß kommen würde, nahm zu.

Der Besucherstrom: Juden und Christen

Reisen in den Osten wurde in den 1830er-Jahren beträchtlich erleichtert, als der ägyptische Pascha Muhammed Ali, der vor Kurzem von den Ottomanen die Kontrolle über Palästina übernommen hatte, damit begann, eine pro-europäischere Politik zu verfolgen. Die Besucher fluteten ins Land. Die einen nur zu einem kurzen Besuch, die anderen, um zu bleiben.

Darunter war eine Anzahl von Juden, die in Jerusalem leben wollten. So wuchs die jüdische Bevölkerung in der alten Stadt von um die 2.250 im Jahr 1800 auf etwa 11.000 im Jahr 1870. In der Zwischenzeit bekam die britische Regierung die Erlaubnis des Paschas, die erste protestantische Kirche im

Mittleren Osten als Kapelle für ihr Konsulat zu bauen: Die Christ Church wurde schließlich 1849 geweiht.

Was keine Überraschung war: Es kamen auch christliche Missionare. In den frühen Jahren des 19. Jahrhunderts war, hauptsächlich in Großbritannien, eine Flut missionarischer Organisationen auf den Weg gebracht worden. Einige von ihnen hatten einen klaren Schwerpunkt auf der Arbeit unter Menschen jüdischen Glaubens. In Jerusalem gründeten sie eine Schule und ein zentrales Missionshospital, das hervorragende Arbeit leistete und medizinische Versorgung zur Verfügung stellte. Doch die Reaktion seitens der jüdischen Bevölkerung war enttäuschend. Dann konzentrierten sich einige missionarische Organisationen zunehmend darauf, anstatt Ortsansässigen, den Christen der historischen Konfessionen (speziell die griechisch Orthodoxen) ein herzliches Willkommen zu erweisen, sie einzuladen, ihren neuen Gemeinden und deren moderneren Formen protestantischen Gottesdienstes beizutreten.

Die Gunst der Zeit nutzend entwickelten die britische und preußische Regierung einen geschickten Plan: Sie errichteten ein gemeinsames anglikanisch-lutherisches Bistum innerhalb Jerusalems. Der erste Bischof war Samuel Alexander, der selbst einen jüdischen Hintergrund hatte. Er kam 1842 an, starb aber drei Jahre

Oben: Blick nordostwärts auf den Tempelberg hin (ca. 1900). Der gewaltige Mauervorsprung des Robinson-Bogens (1838 von ihm identifiziert) war unter dem Pflanzenbewuchs fast unsichtbar. Heute steht er hoch über dem ausgegrabenen Straßenniveau der Stadt aus dem 1. Jahrhundert.

Links: Blick westwärts über die Davidsstadt zur oberen Stadt aus den Tagen Jesu (Zionsberg) mit der neuen Dormitio-Abtei.

Unten: Blick nordwärts das Kidrontal hinauf, zwischen dem Ofel Grat und der arabischen Siedlung Silwan (*rechts*).

später. Der zweite Bischof, ein Lutheraner, war Samuel Gobat, der in Jerusalem bis zu seinem Tod im Jahr 1879 arbeitete.

Ebenso installierte der Papst 1847 einen lateinischen Patriarchen in Jerusalem und die russisch-orthodoxe Kirche eine Vertretung in der Stadt. Alle großen westlichen Mächte bauten ihr politisches Interesse in der Region oft dadurch aus, dass sie kirchliche Einrichtungen ins Leben riefen. Doch es gab Ausnahmen: Die französische Regierung gründete keine Einrichtung, zweifellos beeinflusst durch die antikirchliche Natur der Französischen Revolution von 1792. Die amerikanisch-presbyterianischen Missionare richteten ihre Aufmerksamkeit auf Beirut.

Oben: Jüdische Männer und Frauen im Gebet an der Westmauer. Zu beachten ist, wie die herodianischen Steine, welche die Tempelplattform stützen, nur wenige Meter von den Häusern der Bewohner entfernt lagen.

Rechts: Blick nordostwärts vom Zionsberg auf den Tempelberg (*links*) und die untere Stadt mit dem jenseits gelegenen Ölberg.

Touristen und Künstler

Und dann kamen auch noch die Touristen. Viele schrieben aufschlussreiche Berichte über ihre Reisen, Künstler sandten eindrückliche Bilder zurück (siehe eines von David Roberts' berühmten Gemälden, S. 140f.). Diese frühen Bilder vom Heiligen Land hinterließen einen nachhaltigen Eindruck auf die Leser der Bibel, die bisher auf ihre eigene Einbildungskraft angewiesen waren, um die biblische Landschaft vor sich zu sehen.

Viele jedoch wollten selbst ins Heilige Land kommen, um es mit eigenen Augen zu sehen. Im Jahr 1869 begann ein Unternehmer und britischer Baptist namens Thomas Cook Reisen nach Ägypten und Palästina zu organisieren, die während der nächsten 5 Jahre 450 Besucher und in den darauffolgenden 18 Jahren 12.000 Besucher in das Heilige Land bringen sollten. Der Ruf des Unternehmens war derart gut, dass im Jahr 1882 Königin Victorias Sohn Albert (der Prinz von Wales, später Edward VII.), der das Heilige Land selbst 1862 besucht hatte, nun verlangte, dass seine beiden Söhne nur unter dem Schutz von Thomas Cooks Reiseunternehmen nach Jerusalem fahren sollten. Jerusalem gehörte fortan zur „Grand Tour" eines jungen Gentleman.

Aber es gab auch andere berühmte Besucher, zum Beispiel 1883 den britischen Armeegeneral Charles Gordon, der sich vehement für die Auffassung einsetzte, dass Jesu Kreuzigung in „Jeremias Grotte" im Norden der Altstadt stattgefunden habe, und den amerikanischen Schriftsteller Mark Twain, der seinen Reisebericht in seinem Buch „The Innocents Abroad" (1869) niederschrieb. Seine Leser entdeckten an seinem sarkastischen Witz bald, dass er nicht beeindruckt war. Jerusalem war „beklagenswert, öde und ohne Leben", es war voller „Lumpen, Elend, Armut und Schmutz".

Oben: Eine frühe archäologische Ausgrabung an den Hängen des Zionsberges brachte diese gut erhaltenen Stufen aus dem 1. Jh. zum Vorschein. Ziemlich wahrscheinlich wurden sie von Jesus und seinen Jüngern benutzt, als sie nach dem letzten Abendmahl hinunter ins Kidrontal gingen.

Liebhaber der Bibel und Ausgräber

Bibelgelehrte und Archäologen machten sich ebenfalls auf den Weg ins Heilige Land. Einer der Ersten, Professor Edward Robinson aus dem Union Seminary in New York, war ebenfalls nicht sehr beeindruckt. Nach seinem Besuch im Jahr 1838 folgerte er, dass viele der so genannten Stätten des Evangeliums historisch nicht zu belegen seien. Ihre Lokalisierung beruhe auf irrigen Traditionen oder, noch schlimmer, auf „frommem Schwindel".

1848 stellte ein Architekt namens James Fergusson, der sich fragte, ob die Kreuzritter die Grabeskirche an der falschen Stelle errichtet hätten, die These auf, Golgota könnte unter dem Felsendom, der für nicht-muslimische Besucher von den 1850er-Jahren an geöffnet war, liegen. Vielleicht war *dieses* Gebäude ursprünglich Konstantins Basilika, die über dem Grab Christi errichtet worden war? Fergussons bizarre These war nur deshalb möglich, weil er selbst Jerusalem nie besucht hatte! Das hielt ihn nicht davon ab, den „Palestine Exploration Fund" (PEF) ins Leben zu rufen, der durch seine *Quarterly Statements* eine der wichtigsten Möglichkeiten bot, Berichte über archäologische Entdeckungen zu veröffentlichen.

Fergussons Lieblingstheorie wurde von dem Vermessungstechniker Charles Warren umgehend abgelehnt, der vom Palestine Exploration Fund 1867 entsendet wurde, um das Gebiet des Tempelberges zu untersuchen. Weitere wichtige archäologische Daten sind die Ausgrabungen in Jerusalem auf dem Zionsberg (1874 und 1894), die Entdeckung des Teiches Betesda (1888) und Charles Wilsons detaillierte Kartenübersicht der Stadt (von 1869 an).

Rechts: Das armenische Viertel der Altstadt mit neuen Bebauungen entlang der Jaffa-Straße, die in der Ferne erkennbar ist (*oben links*).

Unten: Blick nordwestwärts von den Mauern in der Nähe des Damaskustores (April 1911), der die ausgedehnten Entwicklungen des 19. Jahrhunderts zeigt, einschließlich des Notre-Dame-Zentrums (*oben links*).

Beengte Verhältnisse

Es ließ sich nicht vermeiden, dass die Bevölkerunsdichte in der Altstadt immer mehr zunahm. Die Gesamtzahl der Einwohner stieg von ca. 9.000 im Jahr 1800 auf rund 27.000 im Jahr 1870, von denen etwa 1/3 Christen waren. Dazu kamen noch die zahlreichen Pilger. Die christlichen Gemeinschaften waren mit dem Betrieb ihrer eigenen Häusern beschäftigt: St. Anne, 1860 von den Franzosen renoviert, das Österreichische Hospiz, ebenso 1860 renoviert, der Ecce Homo Konvent (1868), die ausgedehnten Unterkünfte für lateinische Pilger nahe St. Saviour (1870) und das neue Grandhotel, von den griechisch Orthodoxen in den 1880er-Jahren innerhalb des Jaffators gebaut. Es gab einige entscheidende Verbesserungen: Öffentliche Toiletten wurden 1868 installiert und weitere Öffnungen in die Stadtmauern gebrochen: das Dungtor (1853), das Herodestor (1875) und das Neue Tor (1890).

Moses Montefiore, ein führender jüdischer Philanthrop, ermutigte seine Glaubensgenossen, außerhalb der Stadt zu leben (seine Armenhäuser waren seit 1857 bezugsfertig), und bald entstanden zahllose Gebäude, besonders auf der Nordwestseite der Stadt. In diesem Gebiet beiderseits der Jaffastraße sind bis 1879 nicht weniger als neun jüdische Viertel entstanden. Ebenso gab es eine ausgedehnte Anlage für russisch-orthodoxe Pilger mit ihrer 1860–64 erbauten Kathedrale; die äthiopische Kirche (1887) sowie Notre Dame, die von den französischen Assumptionisten von 1885–1904 errichtet wurde. Inzwischen ging die Stadtentwicklung weiter, ausgehend vom Damaskustor nach Norden, die das Gartengrab Grundstück (nach der Entdeckung des Grabes im Jahr 1867 von 1895 an Eigentum eines britischen Trusts) einschloss, dann die anglikanische Kathedrale von St. George (geweiht 1898) sowie das Grundstück der französische Dominikaner, die École Biblique, zu dem die – auf dem Umriss der Basilika aus dem 5. Jh. (siehe S. 110) – wieder aufgebaute Stefanuskirche gehörte (geweiht 1900).

Eintreten und regieren

Von 1880 an nahmen die Veränderung rapide zu. Es verstärkte sich der Eindruck, die ottomanische Herrschaft über diese gewaltig expandierte Stadt mit den offenkundig konkurrierenden Interessen seiner verschiedenen Minderheiten könnte zu schwach sein, um mit dieser instabilen Situation umzugehen. Wie lange würde der „kranke Mann am Bosporus", wie man die ottomanische Herrschaft allgemein beschrieb, noch bestehen?

Sollte etwa ein Zeichen gesetzt werden, als am Ende des Jahrhunderts Kaiser Wilhelm II. der Einweihung der lutherischen Erlöserkirche beiwohnte. Es musste eine vollkommen neue Öffnung in die Mauer (angrenzend an das alte Jaffator) gebrochen werden, damit sein Wagenzug in die Altstadt kommen konnte. Westliche Mächte und religiöse Gruppierungen aus dem Westen waren alle darauf erpicht, Jerusalem zu betreten und es unter *ihre* Kontrolle zu bringen. Aber wem würde es als Erstem gelingen, in seine Mauern eine Bresche zu schlagen? Und wenn es ihnen erst einmal gelungen war, würden sie ihre Trophäe mit jemand anderem teilen?

Rechts: Der Turm der lutherischen Erlöserkirche im Bau während der Vorbereitungen zur Einweihung der Kirche am Reformationstag, dem 31. Oktober 1898.

Unten: Kaiser Wilhelm II. (deutscher Kaiser von 1888–1918) beim Einzug in Jerusalem im Jahr 1898.

Unten: Vorbereitende Ausgrabungen an der Stelle von Konstantins Eleona-Kirche (S. 110) auf dem Ölberg, vor Baubeginn der Pater-Noster-Kirche, die infolge des 1. Weltkrieges niemals vollendet wurde.

Das britische Mandat

20 Jahre später kam eine andere Macht durch dieses Jaffator, um seine Herrschaft über Jerusalem zu verkünden. Es war ein warmer sonniger Tag im Dezember 1917, als General Allenby, der Befehlshaber der britischen Streitkräfte, in die Stadt einmarschierte und einer Zeremonie auf den Stufen der Zitadelle vorstand. In seiner Begleitung war T. E. Lawrence („Lawrence von Arabien"), der in den Jahren zuvor rastlos Seite an Seite mit den arabischen Stämmen gearbeitet und sie ermutigt hatte, Britannien und die alliierten Streitkräfte zu unterstützen. Er setzte weitreichende Hoffnungen auf die britische Präsenz in Palästina und beschrieb diesen Tag in Jerusalem als „den größten Moment des Krieges".

Eine neue ausländische Macht

So gingen genau 400 Jahre ottomanischer Herrschaft in Palästina ruhig und weitgehend unbestritten zu Ende. Während der langen Periode muslimischer Herrschaft hatten

Rechts: Pilger außerhalb der Grabeskirche

Unten: General Allenby verliest die Proklamation des britischen Mandats (11. Dezember 1917).

Juden und Christen, ob als Individuen oder als kollektive Gruppe, akzeptiert, dass sie keine politische Macht besaßen. Während des 19. Jahrhunderts hatten beide Parteien gezeigt, wie stark ihr Interesse an der Zukunft des Landes ist. Nach dem Ende der muslimischen Herrschaft war die Frage, wer den Stab aufnehmen würde. Zuerst ging er an die Christen, aber danach an das jüdische Volk.

Doch erneut war das Heilige Land nur eine kleine Schachfigur in der Weltpolitik. Das Deutsche Reich unter Kaiser Wilhelm II. hatte die Ottomanen davon überzeugt, an ihrer Seite in den 1. Weltkrieg einzutreten. Als sie den Krieg verloren hatten, fiel der Preis an die Sieger. Nach dem Frieden von Versailles im Jahr 1919 erhielten die Franzosen das Mandat über den Libanon und die Briten das Mandat über Palästina.

Oben: Das deutsche Luftschiff „Graf Zeppelin“ über Jerusalem (11. April 1931).

Unvermeidliche Spannungen

Doch wie dauerhaft war diese Herrschaft, die, einige tausend Kilometer entfernt im Westen, Palästina auferlegt wurde? Im Laufe des 20. Jahrhunderts hat sich die Zeit scharf gegen solch umfassende imperiale Ansprüche gewenden. Lokale Nationalismen wurden die Norm. Hier in Palästina dauerte es nicht lange, bis die lokalen Kräfte der einheimischen Bewohner, ob sie nun neu angekommen waren oder hier seit Jahrhunderten lebten, ihre eigene Souveränität forderten. Wenn man die Jahre des britischen Mandats (1920–1948) in diesem Licht betrachtet, waren sie ein zeitlicher Notbehelf, der den unvermeidlichen Zusammenprall zwischen den im Land lebenden Juden und Arabern nur verzögern konnte.

Unten rechts: Die „kleine Stadt Betlehem" (späte 1920er-Jahre) mit dem Turm nahe der Geburtskirche in der Mitte und dem Herodium am Horizont (siehe S. 76).

Unten: Christlicher Klerus vor der Geburtskirche in Betlehem (ca. 1930).

Um 1920 hatte sich die Demografie in Palästina im Vergleich zu den vergangenen 50 Jahren dramatisch verändert. Die Vereinten Nationen berichteten, dass die Gesamtbevölkerung auf etwas über 700.000 gestiegen sei. Von diesen waren um die 76.000 Juden und 77.000 Christen, von denen fast alle arabisch sprachen und vor allem in Nazaret, Betlehem und Jerusalem wohnten. Obwohl einige Araber anderswoher kamen, hatten die jüdischen Zuwanderer deutlich den größten Zuwachs. Die Zuwanderung der Juden, die hauptsächlich aus Europa kamen, wurde als *aliya* bezeichnet, d. h. „hinauf nach" Jerusalem und ins „Land ihrer Vorväter" gehen. Die Zahl der Zuwanderer, die jedes Jahr ankamen, nahm stetig zu und stieg noch weiter an, als der Antisemitismus in Europa eskalierte.

Das Erwachen des Zionismus

Vor dem ersten zionistischen Kongress, der 1897 im schweizerischen Basel abgehalten wurde, gab es einige Diskussionen darüber, ob das jüdische Volk einen unabhängigen Staat in Afrika oder Südamerika errichten könnte. Aber Palästina mit seiner biblischen Tradition war bald die erste Wahl. Die große Mehrheit dieser ersten Generation von jüdischen Siedlern wurde wohl hauptsächlich von politischen und praktischen Überlegungen geleitet und nicht so sehr von streng religiösen Argumenten. Da orthodoxe Juden in diesem Punkt zu der Ansicht tendierten, dass jeder israelische Staat nur durch das Handeln des Messias zustande gebracht wird und nicht durch normale politische und soziale Ereignisse, war es den mehr „liberalen" oder „säkularen" Juden überlassen, die harte Arbeit der Neubesiedlung zu verrichten.

Und es war tatsächlich harte Arbeit. Ein großer Teil des Landes war verkarstet, unterentwickelt zurückgelassen von abwesenden Grundbesitzern. Das Hula-Tal nördlich des Sees Gennesaret war ein tiefgelegenes Sumpfgebiet, ständig anfällig für Malaria. Doch über die Jahre hin wurde es mit Hilfe von Eukalyptusbäumen, die das Wasser aufsaugten, allmählich und sorgfältig urbar gemacht. *Kibbutzim* (oder kollektive Farmen) wuchsen überall auf dem Land und machten Mut, mit harter Arbeit das Land zu bebauen. Einige wurden in Dürregebieten am Rande der Wüste aufgebaut. In der Zwischenzeit wurde Tel Aviv bei einer öffentlichen Versammlung am Strand im Jahr 1909 gegründet und begann eine meteorhafte Expansion. Die anderen Küstenstädte wie Haifa und Aschkelon folgten entsprechend.

Reaktionen der Araber

Über weite Strecken des 19. Jahrhunderts hatten Juden und Araber ein weitgehend gutes Verhältnis zueinander. Nach dem Ende der ottomanischen Herrschaft sahen besonders die Muslime mit zunehmender Sorge die Wiedererstarkung des Judentums. Wohin sollte das führen? Eine Sache war es, hart arbeitende Einwanderer willkommen zu heißen, eine ganz andere jedoch, zu sehen, wie sie Schritt um Schritt ein Land übernahmen, das man als sein Eigen betrachtete.

Deshalb war es nicht überraschend, dass es während der 1920er-Jahre politische Unruhen gab, als die Araber anfingen, gegen diesen potenziellen Übernahmeversuch zu protestieren. Die britische Armee musste Gewalt anwenden, um die Krawalle (besonders 1920 und 1929) zu unterdrücken. Mit einer ausgedehnten arabischen Revolte 1936 und 1937 spitzte sich die Lage weiter zu. Dann kamen die Herausforderungen des 2. Weltkrieges mit der schrecklichen Realität des Holocaust und der daraus enstehenden Notwendigkeit, jüdischen Flüchtlingen einen sicheren Hafen zu bieten. Der brodelndeTopf innerhalb Palästinas stand kurz vor der Explosion. Als britische Beamte während eines Bombenanschlags auf das King-David-Hotel 1946 getötet wurden (einem Anschlag der Irgun, einer jüdischen paramilitärischen Gruppe), war klar, dass die Briten die Kontrolle über die Situation verloren. Es war nicht überraschend, als sie 1947 ihre Absicht ankündigten, aus Palästina abzuziehen.

Die Vereinten Nationen mussten entscheiden, was als Nächstes geschehen sollte. Wenn Britannien erst einmal gegangen war, musste die Souveränität, so dachten sie, klar an zwei unabhängige Staaten, einen jüdischen und einen arabischen, gegeben werden. Am Ende garantierte ihr Teilungsplan etwa 54 % des „Mandatspalästinas“ den Juden, die zu jener Zeit unter 10 % des Landes besaßen. Obwohl ein großer Teil dieses Landes Wüste war, den Negeb hinunter bis nach Eilat, sah diese Prozentzahl für die Araber, die immer noch 65 % der Bevölkerung ausmachten, übertrieben hoch aus.

Oben links: Ein britischer Soldat durchsucht einen arabischen Demonstranten außerhalb des Jaffators (1938).

Unten links: Eine Explosion nahe dem Jaffator in den 1930er-Jahren.

Unten: 2.700 „illegale“ jüdische Einwanderer an Bord des Schiffes *The Guardian* in Erwartung ihrer möglichen Ausschiffung in Haifa (April 1947).

Die Briten ziehen ab

Am Ende konnte die Angelegenheit, trotz aller Anstrengungen, nicht auf diplomatischem Weg gelöst werden. Beide Seiten hatten sich bewaffnet und warteten nur darauf, dass die Briten am 14. Mai 1948 um Mitternacht gehen würden. Vorher, am gleichen Tag, war der britische Union Jack zeremoniell eingeholt worden und der Hohe Kommissar wurde in Sicherheit gebracht. Am Nachmittag erklärte David Ben Gurion in einem Zimmer in Tel Aviv den Beginn des unabhängigen Staates Israel.

Rechts: Das King-David-Hotel im Jahr 1932 *im Vordergrund* mit dem YMCA und den wenigen Gebäuden von „West"-Jerusalem.

Unten: Trotz der wachsenden Spannungen, benutzten in den 1940er-Jahren Araber und Juden weiterhin gemeinsam die Straßen der Altstadt von Jerusalem.

Innerhalb weniger Stunden brachen Kämpfe im ganzen Land aus. In deren Verlauf flohen 700.000 Araber um ihr Leben, einige nach Jericho, andere nach Jordanien oder in den Libanon. Sie verließen ihre Häuser und überließen über 400 Städte und Dörfer israelischer Kontrolle. Als es schließlich einen Waffenstillstand gab, befanden sich 78 % des Landes innerhalb der Grenzen von Israel. Die übrigen Gebiete waren der von den Ägyptern übernommene Gazastreifen und die West Bank des Jordan, die nun unter jordanische Kontrolle kam.

Kritisch war die jordanische Kontrolle über die Altstadt von Jerusalem. Die Israelis kontrollierten lediglich *West*-Jerusalem. Es gab einen schmalen Streifen Land, ein Niemandsland, das die Stadt in zwei Hälften teilte. Diese „grüne Linie" verlief unmittelbar neben einigen der alten Stadtmauern, was zur Folge hatte, dass mehrere Stadttore geschlossen werden mussten.

Die Stadt betreten

Eines dieser Tore war eben dieses Jaffator, das man vor genau 50 Jahren für den größeren Verkehr geöffnet hatte. Die Frage war: Wann würde das Tor das nächste Mal geöffnet werden? Wer würde dann Jerusalem kontrollieren? Und, wenn man einmal die ganze Stadt kontrollieren würde, wie würde man diese wunderbare Beute, dieses Kronjuwel im Zentrum des Landes mit denjenigen teilen, die diesen endlosen Kampf um Jerusalem eben erst verloren hatten?

Yad Vashem ,Holocaust-Erinnerungsstätte: Der Widerschein einer Kerze für jedes verlorene Kind …

WAS SEITHER GESCHEHEN IST ...

Seit dem Jahr 1948 ist so viel geschehen. Die lange, manchmal langsam voranschreitende Geschichte des Heiligen Landes eilt mit alarmierender Geschwindigkeit weiter. Jedes Jahr werden darüber Bücher geschrieben, weil jeden Tag Geschichte gemacht wird.

Während des letzten Jahrhunderts gab es viel Schmerz und Konflikte unter den Menschen – zwei Weltkriege, den Holocaust und andere Genozide. Und das Heilige Land, weit davon entfernt, von diesem Schmerz verschont zu werden, stellte so etwas wie einen Mikrokosmos der Übel dieser Welt dar, war Gastgeber eines Dauerkonflikts, der die Tragödie der menschlichen Befindlichkeit widerspiegelt, unsere Unfähigkeit, in Frieden und Harmonie zusammenzuleben.

Hauptsächlich zwei Bevölkerungsgruppen, beide mit langer Geschichte und weitgesteckten Hoffnungen, finden sich in einem Kampf um einen schmalen Streifen Land zusammengesperrt, dessen Geschichte sowohl religiös als auch politisch für beide von ihnen von entscheidender Be-

deutung ist und auf das sie ihre je eigenen Zukunftshoffnungen setzen.

Es war ein Kampf ums Überleben, von dem einen Wunsch geleitet, vom anderen unabhängig zu sein. Tiefe Wunden wurden in diesen Kämpfen beiden Seiten zugefügt. Zu oft ist die Tragödie durch eine weitere Tragödie verschlimmert worden. In einer solchen Situation gibt es keine Sieger, sondern nur Opfer.

Im Zentrum des Konflikts steht Jerusalem. Sein hebräischer Name bedeutet „die Stadt des Friedens". Um mit den Worten Jesu zu sprechen, als er über die Stadt weinte, scheint dieses *Yeru-Schalaim* weder damals noch heute „die Dinge zu kennen, die zu seinem Frieden führen". Wird das, was sein Name verheißt, jemals Wirklichkeit werden?

Darüber hinaus spiegelt Jerusalems eigene Skyline mit seinen Minaretten und Türmen, mit seinen Synagogen, Kirchen und Moscheen seine historische Bedeutung für Menschen verschiedenen Glaubens.

Ob Juden, Muslime oder Christen – jeder schaut durch eine unterschiedliche Brille zurück auf die Vergangenheit der Stadt. Jeder hat seine eigenen Hoffnungen für die Zukunft der Stadt. Denn diese Hoffnungen sind von verschiedenen Erzählungen inspiriert und beinhalten so Stoff für Konflikte untereinander. Wie sollen diese verschiedenen Perspektiven jemals aufgelöst werden?

Unten: Wenn die Sonne aufgeht, versammeln sich Menschen an der westlichen Mauer (Klagemauer), um zu beten (mit den Kirchen auf dem Ölberg im Hintergrund).

Auf solche Umstände könnte man mit Zynismus oder sogar Verzweiflung reagieren. Ist das die letztgültige Moral, die man aus diesem Gang durch die lange Geschichte des Heiligen Landes ziehen muss?

Vielleicht sollten wir stattdessen an den Ursprung der Geschichte zurückkehren und noch einmal dort beginnen, wo alles seinen Anfang genommen hat, bei Abraham. Abraham ist eine Gestalt, die in allen drei monotheistischen Religionen einen hohen Stellenwert besitzt. Nehmen wir noch einmal sowohl seinen Glauben als auch sein Handeln in den Blick.

Abraham blickte auf dieses Land – nach Norden und Süden, Osten und Westen – mit den Augen des Glaubens an seinen Gott und mit einer Haltung der Hoffnung für die Zukunft. Dieses Land, so glaubte er, würde ein Platz erfüllter Versprechungen, historischen Schicksals, göttlichen Handelns sein – und so ein Platz, von dem viele Segnungen hinaus in die ganze Welt fließen würden. Hat er sich geirrt?

Er fasste den Entschluss, sich in solch einer ehrfurchtgebietenden Landschaft angemessen zu verhalten. Man erfährt zum Beispiel, wie er den örtlichen Einwohnern für eine Parzelle – die Stelle für sein eigenes Grab – einen angemessenen Preis zahlte (Genesis 23). Wenn Palästina ein „heiliges“ Land ist, dann kann man, von Abraham ausgehend, von seinen „Nachfahren“ mindestens so viel, wenn nicht sogar mehr „Heiligkeit“ erwarten und nicht weniger.

Doch schon Abraham hätte sich im Blick auf die in weiter Zukunft liegende Zeit fragen können:

Dieselben Fragen können auch wir stellen, wenn wir uns heute im Land umsehen: im Westen Tel Aviv …

im Norden Nazaret …

im Osten Nablus …

… und im Zentrum Jerusalem.

Wenn wir uns im Land umsehen – mit all seinen brodelden Gegensätzen –,
können wir nicht umhin, uns zu fragen:
Ja, wie *wird* diese große, viele Zeitalter umfassende Geschichte ihr Ziel erreichen?

DIE GESCHICHTE DES HEILIGEN LANDES …

WEITERFÜHRENDE LITERATUR

Mike Beaumont, Bibelwissen kompakt. Geschichte – Personen – Lebenswelt (Verlag Katholisches Bibelwerk GmbH), Stuttgart 2007.

Thomas Staubli, Biblische Welten. Ein Bildatlas unter Mitarbeit von Othmar Keel, Max Küchler und Christoph Uehlinger (Deutsche Bibelgesellschaft), Stuttgart 2000.

Peter Walker, Jesus und seine Welt (Herder), Freiburg 2007.

Gil Yaron, Jerusalem. Ein historisch-politischer Stadtführer, Bundeszentrale für politische Bildung (Schriftenreihe Bd. 1193), Bonn 2012.

Primärtexte in Deutsch:

Die Bibel. Vollständige Ausgabe des Alten und des Neuen Testaments in der Einheitsübersetzung (Verlag Katholisches Bibelwerk GmbH), Stuttgart 2005.

Eusebiusius von Caesarea, Kirchengeschichte (Wissenschaftliche Buchgesellschaft), Darmstadt 1997.

Eusebiusius von Caesarea, Über das Leben Konstantins (De vita Constantini), (Fontes Christiani 83), (Brepols Verlag), Turnhout 2007.

Flavius Josephus, Jüdische Altertümer (Antiquitates), (Marixverlag), 3. Auflage, Wiesbaden 2011.

Flavius Josephus, Geschichte des jüdischen Krieges (De bello judaico), (Marixverlag), Wiesbaden 2001.

Cyrill von Jerusalem, Mystagogische Katechesen (Fontes Christiani 7), (Herder), Freiburg 1992.

Deutsche Übersetzung: Dr. Michael Hartmann, Wendlingen

Satz: Satz und mehr, Besigheim
Druck: in China

ISBN 978-3-460-32788-7
(Verlag Katholisches Bibelwerk GmbH, Stuttgart)
www.bibelwerk.de

ISBN 978-3-417-26599-6
(SCM R. Brockhaus im SCM-Verlag GmbH & Co. KG)
www.scm-brockhaus.de

DANKSAGUNG

Wie lange braucht man, um ein Buch zu schreiben? In einer Hinsicht benötigte dieses Buch im Vergleich zu anderen, die ich geschrieben habe, die kürzeste Zeit: vielleicht 30 Arbeitstage zwischen dem späten Juni und dem frühen Oktober 2012 während einer Zeit des Übergangs von Oxford nach Pittsburgh (via Jerusalem und Zypern!). Ich bin so dankbar für die Hilfe und die Unterstützung, die ich während dieser Zeit erhalten habe: von meinem Reisebegleiter in Jerusalem, Tim, und von denen, die mich dort bei der Auswahl der Fotos intensiv unterstützten (besonders Jean-Michel Tarragon und Garo), von unseren Freunden in Zypern, die mit mir 2011 ins Heilige Land gefahren waren, und diejenigen, welche die Manuskripte in ihren ersten Entwürfen lasen (meine Tochter Hannah, dann Ali und Miranda und Prof. Alan Millard), von meinen Kollegen im Blick auf das „Design" bei Lion Hudson (Margaret, Jessica, Jude und Jonathan) und besonders von meiner Frau Georgie.

In einem anderen Sinn jedoch brauchte dieses Buch länger als jedes andere. Seit meinem ersten Besuch in Jerusalem vor über 30 Jahren hat dieses Land meine Aufmerksamkeit in Anspruch genommen: vier ganze Forschungsjahre über byzantinische Pilgerschaft ins Heilige Land, drei Jahre Forschung über die Einstellung des Neuen Testaments gegenüber Jerusalem, einen Sommer, den ich damit verbrachte, das 19. Jahrhundert in Jerusalem zu untersuchen, über 15 Jahre Vorlesungen über biblische Theologie in Oxford und, was vielleicht am lehrreichsten war, vier fortlaufende Sommermeetings mit Israeli und Palästinensern, um zusammen auf die schwierigen Punkte der biblischen Lehre über das Land zu schauen. In *diesem* Sinn brauchte dieses Buch nicht 30 Tage, sondern 30 Jahre! Es sind vielleicht ziemlich wenige Worte geworden, aber hier sind sie vielleicht in der Tat „die Spitze des Eisbergs" von dem, was man hätte schreiben können.

Auf den ersten Blick sieht man sofort, dass in diesem Buch über die Zeit nach 1948 am Wenigsten geschrieben wurde. Am Anfang dieses Projektes war eine Entscheidung zu treffen, sowohl wegen der bloßen Zahl neuerer Fotos als auch wegen der großen Komplexität dieser letzten 60 Jahre. Dies sollte ein Buch werden, das keinen Versuch unternehmen würde, die modernen und zeitgenössischen Ereignisse zu beschreiben. Nicht deswegen, weil sie nicht wichtig sind, sondern weil der Zweck dieses Buches ein anderer ist: Sein Ziel ist es, einen zugänglichen, aber kurzen Abriss der *viele Zeitalter umfassenden* Geschichte des Heiligen Landes zu geben. Vieles von dieser Darstellung ist wenig bekannt und alles davon kann als ein nützliches Sprungbrett zu einer gemeinsamen Geschichte dienen, das es uns erlaubt, mit den Erfordernissen der gegenwärtigen komplexen Situation zurechtzukommen. Dies bedeutet dann: Wir können informierte Entscheidungen darüber treffen, wie wir die Zukunft gestalten wollen.

Gewidmet ist dieses Buch Hannah und Jonathan, meiner Tochter und meinem Sohn sowie Jen und David, meiner Schwester und meinem Bruder. *Weniger Worte, mehr Bilder. Und dann hoffentlich mehr Lesen und weniger Ausreden!*

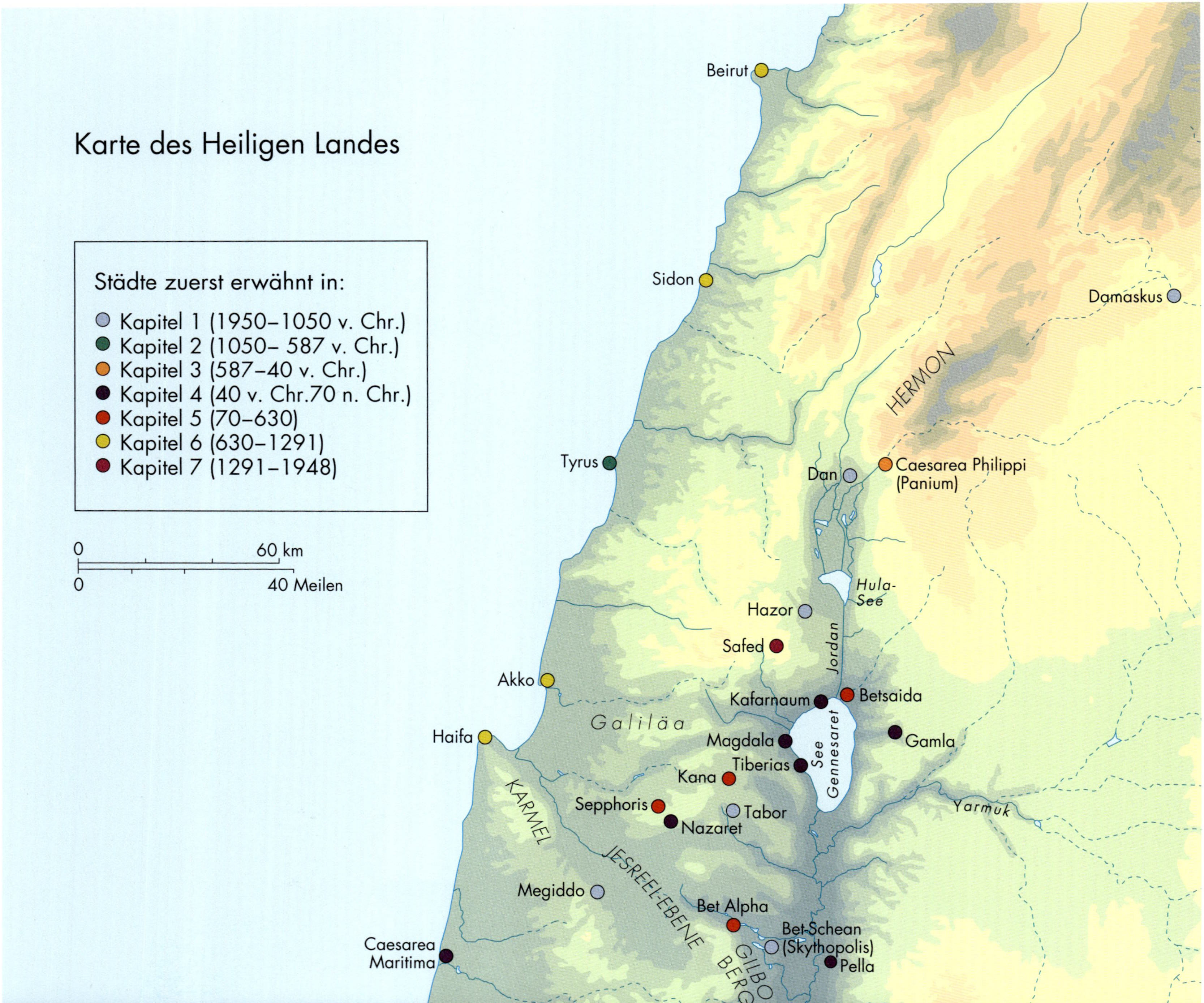
Karte des Heiligen Landes
Städte zuerst erwähnt in:
Kapitel 1 (1950–1050 v. Chr.)
Kapitel 2 (1050– 587 v. Chr.)
Kapitel 3 (587–40 v. Chr.)
Kapitel 4 (40 v. Chr.70 n. Chr.)
Kapitel 5 (70–630)
Kapitel 6 (630–1291)
Kapitel 7 (1291–1948)
0
60 km
0
40 Meilen
Beirut
Sidon
Damaskus
HERMON
Tyrus
Dan
Caesarea Philippi
(Panium)
Hula-
See
Hazor
Jordan
Safed
Akko
Kafarnaum
Betsaida
Galiläa
Haifa
Magdala
See
Gennesaret
Gamla
Tiberias
Kana
Sepphoris
Tabor
Nazaret
Yarmuk
KARMEL
JESREEL-EBENE
Megiddo
Bet Alpha
Bet-Schean
(Skythopolis)
Caesarea
Maritima
Pella
GILBO
BERG

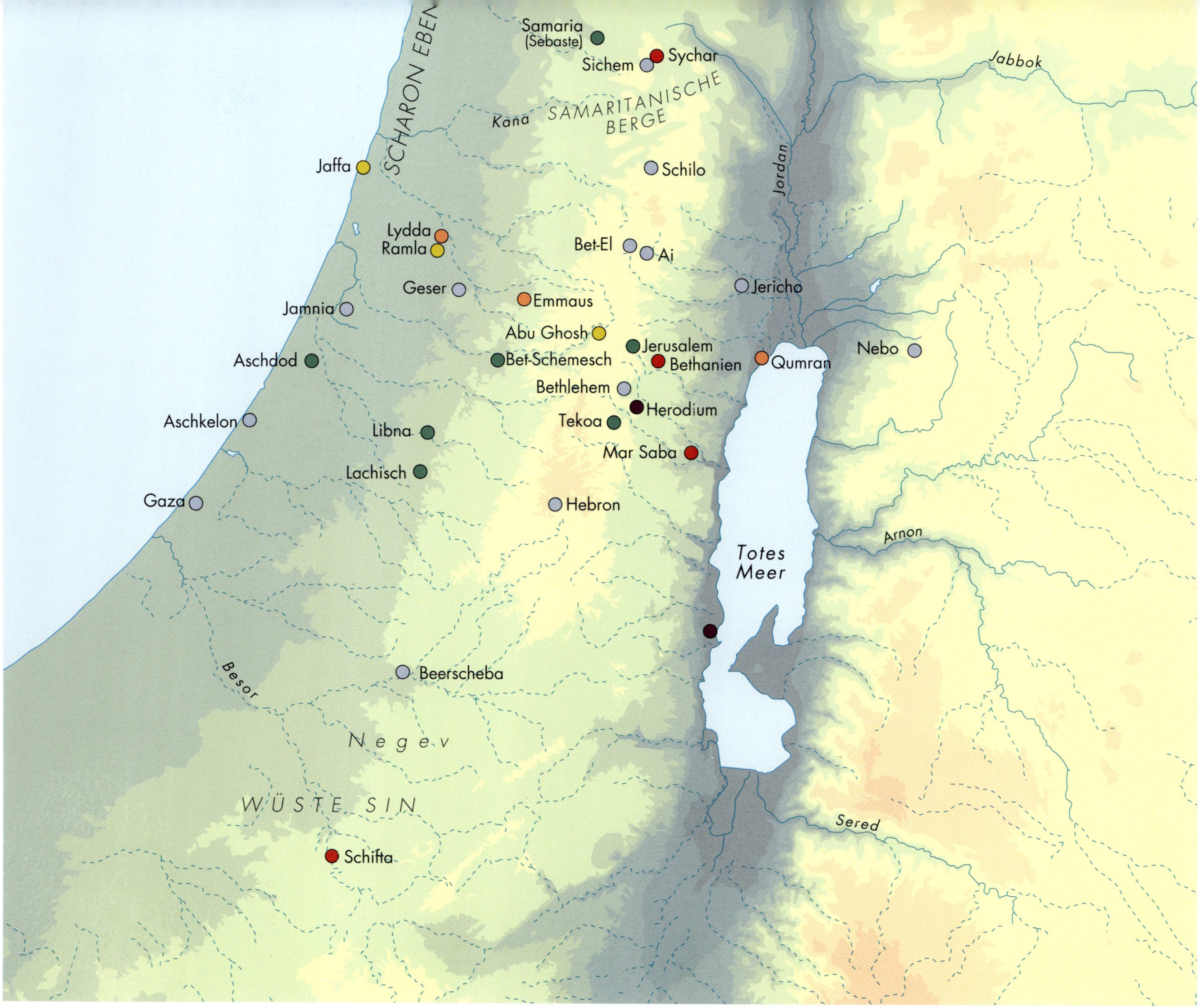
Samaria
(Sebaste)
Sychar
Sichem
SAMARITANISCHE
BERGE
Kana
SCHARON EBEN
Jabbok
Jordan
Jaffa
Schilo
Lydda
Ramla
Bet-El
Ai
Jericho
Geser
Emmaus
Jamnia
Abu Ghosh
Jerusalem
Bethanien
Qumran
Nebo
Aschdod
Bet-Schemesch
Bethlehem
Herodium
Aschkelon
Tekoa
Libna
Mar Saba
Lachisch
Gaza
Hebron
Totes
Meer
Arnon
Beerscheba
Besor
Negev
WÜSTE SIN
Sered
Schifta

BILDNACHWEIS

Alamy: S. 28, 128 Israel images; S. 40, 49 unten, 65 oben links, 80, 96 Mitte rechts, 99 oben, 99 unten, 136 BibleLandPictures; S. 51 Eddie Gerald; S. 60–61, 66–67 Dubai Tal/Albatross; S. 64 Peter Horree; S. 78 John Arnold Images Ltd.; S. 122–123 LOOK Die Bildagentur der Fotografen GmbH; S. 124–125 Dimitry Bobroff; S. 132–133 Hanan Isachar; S. 169 Yagil Henkin – Images of Israel
Art Archive: S. 14 Jane Taylor; S. 19 unten Stephanie Colasanti; S. 23 oben rechts Gianni Dagli Orti; S. 55 oben Archaeological Museum Cividale Friuli/ Gianni Dagli Orti (Hebräer weinen am Ufer von Babylon, 13. Jh. gotisches Manuskript, Beatae Elisabeth Psalter); S. 82 oben, 83 Culver Pictures; S. 145 American Colony Photographers/NGS Image Collection
BibleWalks.com: S. 52–53, 111 oben
Bridgeman: S. 96 unten, 140–141
Corbis: S. 6–7, 24, 80–81, 131 unten Richard T. Nowitz; S. 15 oben rechts Michael S. Yamashita; S. 18 Archibald Forder/ National Geographic Society; S. 25 oben Radius Images; S. 44 oben links National Geographic Society; S. 54 Frederic Soltan/ Sygma; S. 55 unten Ed Darack/Science Faction; S. 60 Tetra Images; S. 74 oben links Bojan Brecelj; S. 74–75 Nathalie Darbellay; S. 101, 114–115 Jon Hicks; S. 105 oben Remi Benali; S. 142 Rieger Bertrand/Hemis; S. 148 Stapleton Collection; S. 168 Atlantide Phototravel
École Biblique: S. 147 oben, 147 unten, 150–151, 151, 152 unten, 153, 155 oben, 156, 157, 158 unten, 160 eigene Sammlung; S. 146, 149 oben, 149 unten, 155 unten Notre Dame de France
Garo Nalbadian: S. 58, 62, 63 oben, 79 oben, 97, 106, 106–107, 110, 113, 118–119, 119, 120 oben, 120 unten, 134 oben, 134 unten, 164–165, 170–171, 176
Getty: S. 8–9 Planet Observer; S. 22 Travel Ink; S. 72, 73 Michael Melford; S. 92–93 nach David Roberts *(The Destruction of Jerusalem in 70 AD,* engraved by Louis Haghe,1806-85); S. 105 unten Zoran Strajin; S. 162–163 Bill Raften; S. 166 Mark Daffey; S. 167 Gavin Hellier
Hanan Isachar: S. 26, 29 unten, 36, 37 oben, 56–57, 85 unten, 98 oben, 108, 109, 111 unten, 112 oben, 131 oben
¡Stock: S. 133 Ora Turunen
Jonathan Clark: S. 75
Lebrecht: S. 23 oben links, 66 oben links prismaarchivo; S. 48 oben rechts Z. Radovan
Nazareth Village: S. 79 unten
Pantomap Israel Ltd.: S. 143
Peter Walker: S. 82 unten, 126
Richard Watts: S. 174–175
Shutterstock: S. 26–27 Peter Zaharov; S. 90 oben Ariy
Sonia Halliday: S. 16 oben, 20–21, 38–39, 45 oben, 88, 102–103, 122 unten, 135, 136–137, 161
SuperStock: S. 2–3 Cubo Images; S. 4–5, 31 unten Hanan Isachar; S. 37 unten links DeAgostini; S. 114 PhotoStock-Israel/age footstock; S. 122 oben Christie's Images Ltd.; S. 127 Spaces Images; S. 129 Robert Harding Picture Library; S. 130 Design Pics
The Garden Tomb, Jerusalem: S. 85 oben
Topfoto: S. 12–13, 15 unten, 30, 31 oben rechts, 32, 32–33, 34–35, 41, 42–43, 44–45, 46, 47 oben, 47 unten, 48 links, 49 rechts, 64–65, 68–69, 70–71, 76, 77, 86–87, 89, 91, 94–95, 98 unten, 104, 112 unten, 116–117, 121, 138–139, 144, 154, 158 oben, 159 Duby Tal/Albatross; S. 19 oben rechts, 59 unten, 144 The Granger Collection; S. 59 oben Spectrum/HIP; S. 84 AA World Travel Library; S. 152 oben Ullsteinbild; S. 173 Robert Piwko
Zev Radovan: S. 16 unten, 17, 25 unten, 29 oben, 33, 37 unten rechts, 50 oben, 50 unten, 63 unten, 65 Mitte links, 66 oben rechts, 87 oben links, 87 unten rechts, 90 unten, 100.